"十三五"职业教育城市轨道交通专业规划教材

Chengshi Guidao Jiaotong Xingche Zuzhi Guizhang
城市轨道交通行车组织规章

孟祥虎　主　编
夏　栋　李运河　副主编

人民交通出版社股份有限公司
China Communications Press Co., Ltd.

内 容 提 要

本书为"十三五"职业教育城市轨道交通专业规划教材。全书主要结合城市轨道交通运营企业生产实际中的行车规章,以模块单元的形式编写。其主要内容包括:技术设备、行车组织原则、正常情况下的行车组织、非正常情况下的行车组织、车场作业组织、信号显示等。

本书可作为高职、中职院校城市轨道交通专业教材,也可作为相关行业岗位培训或自学用书,同时可供城市轨道交通从业人员参考。

* 本书配有教学课件,读者可加入 QQ 群(教师专用)129327355 免费索取。

图书在版编目(CIP)数据

城市轨道交通行车组织规章 / 孟祥虎主编. —北京:人民交通出版社股份有限公司,2018.9
ISBN 978-7-114-14900-9

Ⅰ.①城… Ⅱ.①孟… Ⅲ.①城市铁路—行车组织—规章制度—高等职业教育—教材 Ⅳ.①U292.11

中国版本图书馆 CIP 数据核字(2018)第 165333 号

"十三五"职业教育城市轨道交通专业规划教材

书　　名:	城市轨道交通行车组织规章
著 作 者:	孟祥虎
责任编辑:	林春江
责任校对:	刘　芹
责任印制:	刘高彤
出版发行:	人民交通出版社股份有限公司
地　　址:	(100011)北京市朝阳区安定门外外馆斜街 3 号
网　　址:	http://www.ccpcl.com.cn
销售电话:	(010)59757973
总 经 销:	人民交通出版社股份有限公司发行部
经　　销:	各地新华书店
印　　刷:	北京虎彩文化传播有限公司
开　　本:	787×1092　1/16
印　　张:	7.5
字　　数:	171 千
版　　次:	2018 年 8 月　第 1 版
印　　次:	2024 年 6 月　第 6 次印刷
书　　号:	ISBN 978-7-114-14900-9
定　　价:	30.00 元

(有印刷、装订质量问题的图书,由本公司负责调换)

前言

近年来，我国城市轨道交通建设快速发展，2024年4月，有共计54个城市开通轨道交通线路310条，运营里程达10273.7km，实际开行列车338万列次，各城市轨道交通企业需要大量的轨道交通专业技能型、实用型人才。

城市轨道交通行车组织规章是城市轨道交通职业教育的核心课程。建议本课程在大三第一学期开设，总课时数为32学时。通过该课程学习，可以提高职业院校学生综合职业能力，实现学校理论教学与企业对员工专业规章知识要求的有效衔接，进而有效践行"培养前置、校企共融"的运营人才培养理念，最终实现由在校学生到企业员工的角色转变，满足企业用人需要。

本教材的编写基于城市轨道交通运营企业的行车组织规则。

行车组织规则是城市轨道交通运营企业为了明确其技术设备、行车组织原则、列车运行、行车组织方法等有关规定和安全措施，根据《地铁设计规范》（GB 50157—2013）、《城市轨道交通运营管理规范》（GB/T 30012—2013）、《城市轨道交通工程项目建设标准》（建标104—2008）、《车场运作手册》《城市轨道交通乘车规则》等国家标准或企业标准制定的地铁运营管理和行车组织的指导性标准文本。其中，有适用于城市地铁运营多条线路的《地铁行车组织通用规则》和仅适用于某一条线的《××地铁××号线行车组织细则》。

由于行车组织规则是轨道交通运营组织、管理的基本法规，所以城市轨道交通运营企业要求其各有关单位、部门及行车人员必须严格执行规则有关规定。各岗位的员工必须认真学习、严格执行。各单位及部门也必须按标准的原则和要求，结合本部门的特点，制定各工种的运作手册或细则。所以，对行车组织规章基础知识的掌握和学习，成为一项核心能力。

本教材结合多个地铁公司的行车组织通用规则或细则，以通常划分的技术设备、行车组织原则、正常及非正常行车组织、车场行车组织及信号显示等几个主要模块，介绍行车组织规则的基本规定、标准和要求。其目的是为学生进一步学习地铁公司的行车组织规则或细则奠定基础。

本教材由济南工程职业技术学院孟祥虎担任主编，并负责对全书的框架和编写思路的设计及统稿、校对工作；由武汉铁路职业技术学院夏栋、济南市技师学院李运河担任副主编。其具体参与编写的分工情况如下：模块一由济南工程职业技术学院孟祥虎、济南市技师学院王俊编写；模块二由济南工程职业技术学院王青青编写；模块三由青岛市技师学院窦月阳、济南市技师学院马海漫编写；模块四由山东职业学院邓丽君、济南市技师学院姬曦君编写；模块五由武汉铁路职业技术学院夏栋编写；模块六由济南市技师学院李运河、闫骏编写。

本教材在编写过程中,参考了部分城市轨道交通运营企业的行车组织规章与相关文献,在此向相关作者致以衷心的感谢!鉴于我国各城市轨道交通的设备不尽相同,运营与管理方式的差别,以及规章的时效性,致使行车组织规章存在一定的局限性,所以,本教材只作为学校教学与专业从业者学习参考使用,不能作为行车工作的具体依据。

由于水平有限,加上编写时间仓促,谬误和不足之处在所难免,敬请批评指正。

编 者

2024 年 6 月

目录 CONTENTS

模块一　行车主要技术设备 ·· 1
　单元一　限界、线路 ·· 1
　单元二　车站、车场 ··· 10
　单元三　车辆、车门 ··· 13
　单元四　通信系统、信号系统 ··· 17
　单元五　供电系统 ·· 22
　单元六　屏蔽门/安全门 ··· 25
　单元七　综合监控系统(ISCS) ·· 28
　单元八　防淹门、通风空调系统、给排水与水消防 ············· 31

模块二　行车组织原则 ··· 36
　单元一　行车组织基本原则、指挥层级、调度命令及其相关规定 ··· 36
　单元二　行车闭塞法 ··· 45

模块三　正常情况下的行车组织 ······································· 51
　单元一　办理进路 ·· 51
　单元二　列车驾驶 ·· 55
　单元三　正线及其辅助线行车组织 ······································ 57

模块四　非正常情况下的行车组织 ··································· 65
　单元一　列车运行调整 ··· 65
　单元二　车门及站台门故障 ·· 68
　单元三　信号设备故障情况下的行车 ·································· 71
　单元四　清客、疏散的相关规定 ··· 74
　单元五　电客车故障及救援 ·· 77
　单元六　特殊情况下的列车运行组织 ·································· 79

模块五　车场作业组织 ··· 83
　单元一　车场行车组织 ··· 83
　单元二　调车作业 ·· 87

模块六　信号显示 ··· 93
　单元一　信号机的显示 ··· 93
　单元二　手信号 ··· 95
　单元三　音响信号 ··· 110

参考文献 ··· 113

模块一　行车主要技术设备

　　本模块重点介绍了城市轨道交通行车的主要技术设备的通用知识和相关规定。其主要内容包括:线路、车站、车场、通信信号设备、综合监控系统、供电系统、站台门系统等。

 教学建议

　　1. 由于本模块内容在城市轨道交通设备、通信信号、行车组织的课程中分别有所涉及,所以,可以通过学习查漏补缺并进行达标考核。同时,以所在城市的地铁行车组织规则的具体规定补充教学内容。
　　2. 通过默画某地铁线路信号平面布置图的技能训练和比赛,达到综合运用相关知识的能力。
　　3. 通过到企业实习等途径,了解地铁主要技术设备。

单元一　限界、线路

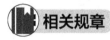 学习目标

　　1. 熟知地铁限界的规定;限界的定义、分类;了解限界的部分限制尺寸。
　　2. 熟知地铁线路制式、线路分类,轨道、线路标志等设施设备的相关规定。

 相关规章

一、限界

　　1. 限界的定义及其要求
　　限界是指限定车辆运行及轨道周围构筑物不允许超越的轮廓线。一切建筑物,在任何情况下,不得侵入地铁建筑限界;一切设备,在任何情况下,不得侵入地铁设备限界;机车、车辆无论空、重状态,均不得超出车辆限界。
　　2. 限界的分类
　　限界分为车辆限界、设备限界和建筑限界。相关教学资源见二维码1。

二维码1

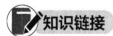 知识链接

> 限　界
> 　　地铁列车需要在特定的空间中沿着固定轨道高速运行。根据车辆轮廓尺寸和性能、线路特性、设备安装及施工方法等因素,经技术经济综合比较确定的空间尺寸称为限

1

界。为了确保运营的安全,各种建筑物和设备均不能侵入限界。限界是确定地铁与行车有关的建筑物净空大小和各种设备相互位置的依据,例如:隧道的断面尺寸、桥梁的宽窄,都是依据限界确定的。限界越大,安全度越高,但工程量和工程投资也随着增加。地铁限界应根据车辆轮廓尺寸、线路特性、安装施工精度等因素进行综合比较,确定一个既能保证列车运行安全,又不增加桥梁、隧道空间的经济合理的断面,是制定地铁工程限界的任务和目的。

地铁限界是指限定车辆运行及轨道周围构筑物不允许超越的轮廓线。限界分车辆限界、设备限界和建筑限界3种,是工程建设和管线及设备安装等必须遵守的依据。如图1-1所示。

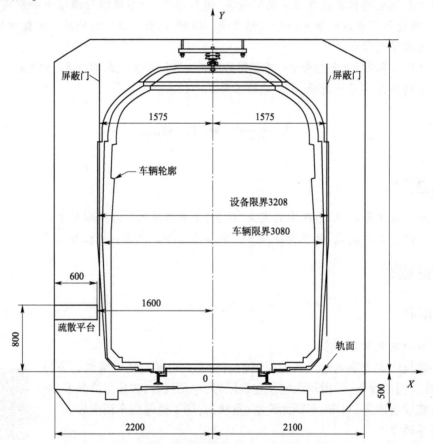

图1-1　区间直线地段矩形隧道及车辆限界(尺寸单位:mm)

(1)车辆限界是在直线上运行的车辆轮廓尺寸基础上,考虑车辆运行的偏移、侧倾,各连接件和走行部分的磨耗,以及空气弹簧一侧失效等因素,经计算求得。它是车辆在直线上正常运行状态下所形成的最大动态包络线,运行在线路上的所有车辆必须满足车辆限界的要求,因此该限界也被称为车辆接近限界。

(2)设备限界是在车辆限界的基础上,考虑各种因素在内的安全预留量而确定。除了与行车直接相关的设备外,所有设备的安装均不得侵入设备限界,因此该限界也常被称为设备接近限界。设备限界,可按所处地段分为直线设备限界和曲线设备限界。

（3）建筑限界是在设备限界基础上,满足设备和管线安装尺寸后的最小有效断面。沿线建筑物横断面,包括测量误差值、施工误差值及结构永久变形量均不得侵入此限界。建筑限界应分为隧道建筑限界、高架建筑限界和地面建筑限界。其中,隧道建筑限界可按工程结构形式分为矩形隧道建筑限界、马蹄形隧道建筑限界和圆形隧道建筑限界。

1. 限界的高度和水平尺寸的起算点是什么？
2. 限界的常用尺寸有哪些？

二、线路（相关教学资源见二维码2）

1. 线路制式

线路制式:正线采用双线右侧行车制式和1435mm标准轨距。

2. 线路分类

线路分类:按敷设方式分为地下线、地面线和高架线,按在运营中的功能定位分为正线、辅助线和车场线。辅助线包括车辆段(场)出入线、联络线、折返线、停车线、渡线、安全线。

3. 平面曲线

平面曲线:各类线路最小曲线半径及曲线加宽值见表1-1、表1-2;曲线的具体位置和数据在各线行车组织细则中明确。

二维码2

各类线路最小曲线半径　　　　　表1-1

线路	车型 地段	B型车	
		一般地段(m)	困难地段(m)
正线		300	250
辅助线		200	150
车场线		150	—
车站		1200	1000

各类线路曲线加宽值　　　　　表1-2

曲线半径(m)	轨距加宽值(mm)	轨距(mm)
150 < R ≤ 200	5	1440
100 < R ≤ 150	10	1445

4. 纵面坡度

纵面坡度:正线的最大坡度30‰,困难地段可采用35‰,区间最小坡度为3‰;联络线的最大坡度40‰;出入段(场)线最大坡度35‰;车场其他线路宜设于平道上,困难时库外线路的坡度可按不大于1.5‰设计。

5. 轨道

轨道：正线、辅助线及车场试车线钢轨通常采用 60kg/m 钢轨及 9 号单开 AT 曲线型尖轨道岔；车场其他线路通常采用 50kg/m 钢轨及 7 号单开道岔；不同类型的钢轨采用异型钢轨连接。正线道岔侧向允许通过最大速度为 35km/h。车场线（试车线、练兵线除外）采用 50kg/m 钢轨 7 号单开道岔，道岔侧向允许通过最大速度为 25km/h。特殊钢轨及道岔使用情况可查阅各线行车组织细则。

6. 道床

道床：地下线、高架线采用轨枕式整体道床；地面车站采用整体道床；地面线、出入线、试车线采用碎石道床；车场库内线应根据检修工艺要求采用检查坑整体道床或立柱式道床结构；车场平过道一般采用整体道床、混凝土道口板和橡胶道口板，减震要求高的区段采用减震道床。具体情况在各线行车组织细则规定。

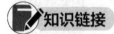 知识链接

1. 名词术语

(1) 轨距：钢轨头部顶面下 16mm 范围内两股钢轨作用边之间的最小距离。

(2) 线路间距：指两相邻线路中心线间的距离，简称线间距。

(3) 正线：指连接车站并贯穿或直股伸入车站的线路。它是载客列车运营的贯穿全程的线路。正常情况下运营各线路正线均采用双线、右侧行车制。

(4) 辅助线：除正线外，为列车提供接发车、折返、联络、安全保障、临时停车等功能服务，通过道岔与正线相互联络的轨道线路，也称为配线。它包括出入段（场）线、联络线（连接两条独立运营线路之间的线路）、折返线（具备列车折返功能的线路）、停车线（允许停放列车的线路）、渡线（连接上下行正线、折返线、停车线等之间的线路，分交叉渡线和单渡线）。

(5) 上下行方向：一般情况下南北向线路以由南向北运行为上行方向，反之为下行；东西向线路以由西向东运行为上行方向，反之为下行；环状线路应以顺时针方向为上行方向，逆时针方向为下行方向。具体线路上下行方向在行车组织细则中明确。

2. 辅助线设置的相关规定

(1) 折返线与停车线

折返线与停车线设置应符合下列规定：折返线应根据行车组织交路设计确定，起、终点站和中间折返站应设置列车折返线；折返线布置应结合车站站台形式确定，可采用站前折返或站后折返形式，并应满足列车折返能力要求；正线应每隔 5~6 座车站或 8~10km 设置停车线，其间每相隔 2~3 座车站或 3~5km 应加设渡线；停车线应具备故障车待避和临时折返功能。停车线设在中间折返站时，应与折返线分开设置，在正常运营时段，不宜兼用。停车线尾端应设置单渡线与正线贯通。远离车辆段或停车场的尽端式车站配线，除应满足折返功能外，还应满足故障列车停车、夜间存车和工程维修车辆折返等功能要求；在靠近隧道洞口以内或临近江河岸边的车站，应根据非正常运营模式和行车组织要求，研究和确定车站配线形式；折返线、故障列车停车线有效长度（不含车挡

长度),不应小于见表1-3的规定。

折返线、故障列车停车线有效长度(m)　　　表1-3

配线名称	有效长度+安全距离(不含车挡长度)
尽端式折返线、停车线	远期列车长度+50
贯通式折返线、停车线	远期列车长度+60

(2)安全距离与安全线

安全距离与安全线的设置应符合下列规定:

①支线与干线接轨的车站应设置平行进路;在出站方向接轨点道岔处的警冲标至站台端部距离,不应小于50m,小于50m时应设安全线。

②车辆基地出入线,在车站接轨点前,线路不具备一度停车条件,或停车信号机至警冲标之间小于50m时,应设置安全线。采用八字形布置在区间与正线接轨时,应设置安全线。

③列车折返线与停车线末端均应设置安全线,其长度应符合《地铁设计规范》(GB 50157—2013)第6.4.3条第7款(见表1-3)的规定。

④安全线自道岔前端基本轨缝(含道岔)至车挡前长度应为50m(不含车挡)。在特殊情况下,缩短长度可采取限速和增加阻尼措施。

查一查

1. 为什么标准轨距是1435mm?除此之外,还有哪些轨距标准?
2. 知识回顾:线路平面、线路纵断面、缓和曲线、竖曲线、外轨超高、轨距加宽等。
3. 正线、辅助线分别采用几号道岔及道岔侧向允许通过速度?见表1-4。

道岔侧向允许通过速度　　　表1-4

辙叉号数	7	9	12
速度(km/h)	25	35	50

三、其他设备

1. 联络通道及泵房

联络通道是指连接两条单线区间的通道,起连通、排水、防火及疏散作用。区间泵房通常设置在线路坡度最低点,与区间联络通道合置。联络通道及泵房的具体设置情况可查阅各线行车组织细则。

2. 疏散设施

疏散设施:区间隧道均设置轨行区到达站台的疏散楼梯;当采用车辆侧门疏散模式时,双线高架区间宜在两线间布置应急疏散平台,地下区间的矩形隧道(出入段线除外)和圆形隧道行车方向的左侧设置疏散平台。疏散平台是指区间内设置的用于紧急疏散的平台。疏散平台高宽可查阅相应线路行车组织细则。

3. 轨道安全设备及附属设备

(1)高架桥线路特殊地段应采取防脱轨措施或全桥范围采取护轮矮墙等措施。

(2)正线及辅助线、试车线、牵出线的终端采用缓冲车挡,其允许最大冲撞速度不应小于15km/h。车场线终端采用固定式车挡,其中库外线允许最大冲撞速度不应小于5km/h,库内线允许最大冲撞速度不应小于3km/h。

4. 线路标志

线路标志有百米标、坡度标、曲线要素标、平面曲线起终点标、竖曲线起终点标、道岔编号标、站名标、桥号标、水位标等。

5. 信号标志

信号标志有警冲标、站界标、预告标、引导员接车地点标、司机鸣笛标、接触网终点标、作业标、减速地点标等。

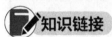

轨 道 标 志

轨道标志分为线路标志和信号标志。

1. 线路标志

线路标志主要是标明线路的信息及状况,以便于工务人员从事线路的养护维修和行车人员了解线路位置状况。线路标志按公里计算方向应设在线路左侧。其主要有以下6种:

(1)公里标、半公里标

公里标、半公里标设在一条线路自起点计算每一整公里、半公里处。公里标的作用主要是确切地指明线路的位置,例如巡道工在线路上巡行检查时,如果发现问题,在记录和报告中就能根据公里标、半公里标,指出问题的准确位置,以利于维修和抢修单位及时处理。如图1-2所示。

a)

b)

图1-2 公里标、半公里标

(2)曲线标

曲线标设在线路某条曲线的中点处,标明该曲线的中心里程、半径大小、曲线和缓和曲线长度等数据。如图1-3所示。

(3)圆曲线和缓和曲线始终点标

圆曲线和缓和曲线始、终点标,设在直线进入缓和曲线、缓和曲线进入圆曲线、圆曲线进入缓和曲线、缓和曲线进入直线的各点之处。标明所向方向或为直线，或为缓和曲线，或为圆曲线。如图1-4所示。

图1-3　曲线标　　　　　　　　图1-4　圆曲线和缓和曲线始终点标

(4) 坡度标

坡度标设在线路坡度的变坡点处，两侧各标明其所向方向的上、下坡度值及其长度。水平线表示坡度为0，箭头朝上表示上坡，箭头朝下表示下坡。箭头后面的数字表示坡度值，以千分率表示，下面的数值表示这个坡度的长度，以米为单位。如图1-5所示。

 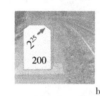

图1-5　坡度标

(5) 桥梁标

桥梁标设在桥梁中心里程(或桥头)处，标明桥梁编号和中心里程。如图1-6所示。

(6) 管界标

管界标设在铁路局、工务段、领工区、养路工区、供电段、电力段的管辖地段的分界点处，两侧标明所向的单位名称。如图1-7所示。

图1-6　桥梁标　　　　　　　　图1-7　管界标

2. 信号标志

信号标志主要是用以表明线路所在地点的某种情况或状态,便于司机或有关行车人员正确及时作业。铁路的信号标志通常设在列车运行方向的左侧(警冲标除外),以便于司机观察。其主要有以下8种:

(1) 警冲标

警冲标设在两会合线路间距离为4m的中间。线间距离不足4m时,设在两线路中心线最大间距的起点处。警冲标用来指示机车车辆的停留位置,防止机车车辆侧面冲撞。如图1-8所示。

(2) 站界标

站界标设在双线区间列车运行方向左侧最外方顺向道岔(对向出站道岔的警冲标)外不少于50m处,或邻线进站信号机相对处。如图1-9所示。

(3) 预告标

预告标设在进站信号机外方900m、1000m及1100m处,但在没有预告信号机及自动闭塞的区段,均不设预告标。在双线区间,退行的列车看不见邻线的预告标时,在距站界外1100m处特设一个预告标。如图1-10所示。

图1-8 警冲标

图1-9 站界标

图1-10 预告标

(4) 引导员接车地点标

列车在距站界200m以外,不能看见引导人员在进站信号机或站界标处显示的手信号时,须在列车距站界200m外能清晰地看见引导人员手信号的地点设置引导员接车地点标。如图1-11所示。

(5) 司机鸣笛标

司机鸣笛标设在道口、大桥、隧道及视线不良地点的前方500~1000m处。司机见此标志,须长声鸣笛提醒人们列车即将到达。如图1-12所示。

(6) 接触网终点标

接触网终点标设在站内接触网边界。电力机车通过接触网获得电动力,一旦脱离接触网将寸步难行。接触网终点标就是提醒电力机车司机不要超越接触网有效区间。如图1-13所示。

图1-11 引导员接车地面标

图1-12 司机鸣笛标

图1-13 接触网终点标

（7）作业标

作业标设在施工线路及其邻线距施工地点两端500～1000m处。司机见此标志须提高警惕，长声鸣笛，提醒施工人员撤离到安全地点。如图1-14所示。

（8）减速地点标

减速地点标设在需要减速地点的两端各20m处。其正面表示列车应按规定限速通过地段的始点；背面表示列车应按规定限速通过地段的终点。如图1-15所示。

a)正面

b)背面

图1-14 作业标　　　　　图1-15 减速地点标

这么多的标志，铁路有关人员都要牢记，否则就会造成事故。所以标志的设计既要说明问题，也要一目了然，便于记忆。标志通常都采用白底，少数为黄底、蓝底加黑字或黑色图案。

注意：各种标志应采用反光材料制作。警冲标应设在两设备限界相交处，其余标志应安装在行车方向左侧司机易见的位置。

查一查

城市轨道交通的各种线路标志、信号标志的设置地点及意义？与《铁路技术管理规程》中相关规定有什么区别？

练一练

1. 建筑物在任何情况下,不得侵入轨道交通_____限界;设备在任何情况下,不得侵入轨道交通_____限界;机车、车辆无论空、重状态,均不得超出_____限界。
2. _____是指限定车辆运行及轨道周围构筑物不允许超越的轮廓线。
3. 正线采用_____行车制式和_____mm 标准轨距。
4. 线路分类:按在运营中的功能定位可分为_____、_____和_____。
5. 辅助线是除正线外,在运行过程中为列车提供接发车、折返、联络、安全保障、临时停车等功能服务;通过道岔与正线相互联络的轨道线路,也称为_____。
6. 正线、辅助线及车场试车线钢轨通常采用_____kg/m 钢轨及_____号单开 AT 曲线型尖轨道岔;车场其他线路通常采用_____kg/m 钢轨及_____号单开道岔;不同类型的钢轨采用异型钢轨连接。正线道岔侧向允许通过最大速度为_____km/h。车场线(试车线、练兵线除外)采用_____kg/m 钢轨_____号单开道岔,道岔侧向允许通过最大速度为_____km/h。
7. 安全线自道岔前端基本轨缝(含道岔)至车挡前长度应为_____m(不含车挡)。
8. _____用来指示机车车辆的停留位置,防止机车车辆侧面冲撞。

单元二　车站、车场

学习目标

1. 熟知地铁车站的站型、站台形式、站界的规定。
2. 熟知车辆段、停车场的作用和设施设备。

相关规章

一、车站

1. 车站竖向布置形式

车站竖向布置形式有地下多层布置、地下一层布置、路堑式布置、地面布置、高架一层布置、高架多层布置等。

2. 车站站台的设置

车站站台通常设在直线上,若设在曲线上,其站台有效长度范围的线路曲线最小半径 800m。曲线站台的相关规定,可查阅各线行车组织细则。

3. 站台的形式

站台形式包括岛式站台、侧式或岛侧混合式站台等。

4. 车站与区间的分界

车站与区间的分界:车站两端端界内方为站内,相邻两车站端界之间为区间。

5. 换乘站的换乘方式

换乘站换乘方式主要包括同车站平行换乘、同站台平面换乘、站台上下平行换乘,站台间的"十"字形、"T"形、"L"形、"H"形等换乘及通道换乘形式,且在付费区内换乘。具体换乘方式可查阅各线行车组织细则。

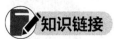

车　站

车站是城市轨道交通中的重要组成部分。它必须具有供乘客乘降、换乘的功能。车站是客流集散的场所,某些车站还必须提供折返、停车检修、临时待避的功能。

站界是城市轨道交通车站与区间的划分,通常以头端墙(按列车运行方向,列车停在车站时头部对应的车站端墙)、尾端墙(按列车运行方向,列车停在车站时尾部对应的车站端墙)划分车站与区间;车站两端端墙内方为站内,相邻两车站端墙之间为区间。例如:南京地铁1号线规定:车站两端端墙(站台端墙边门)内方为站内,相邻两车站端墙之间为区间。

另外,还可以以头端界(出站信号机对应位置)、尾端界(当尾端有信号机时,规定为尾端信号机对应的位置;当尾端无信号机时,规定为邻线出站信号机平齐的位置)来划分。这种划分办法通常是考虑信号设备,车站与区间的分界点来划分。如图1-16所示。

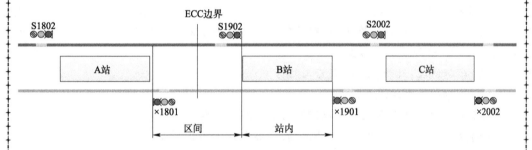

图1-16　车站、区间示意图

站间距指相邻两车站中心线之间的距离(见表1-5)。

各站中心里程、站间距及站台形式　　　　　　　　　　　　　表1-5

序号	车站名称	站台中心里程	站间距(m)	站台形式
1	油赵庄站	K0+128	1410	岛式
2	孟王庄站	K1+538	1278	岛式
3	济南西站	K2+816	875	岛式
4	刘庄站	K3+691	1021	岛式
5	世购站	K4+712		岛式

二、车场(相关教学资源见二维码3)

车辆段、停车场均具有配属车辆,承担车辆的运用管理、整备保养、检查工作,通常由车辆段承担较高级别的车辆检修任务(比如定修、架修和大修等定期检修及检修后的列车试验等)。

二维码3

车场内设有运用库、检修主场房(含调机库)、工程车库、洗车机库和镟轮库、轮对踏面检测库、变电所及物资总库等建筑设施。

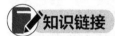

车 场

在城市轨道交通运营线路长度较长时,为使线路终点站的首末班列车时间相同、减少列车空驶里程以及提供列车停放场所,应在线路的非车辆段一端增设停车场。轨道交通车辆段与停车场统称为车辆基地。《地铁设计规范》(GB 50157—2013)将检修车辆段称为车辆段,运用车辆段称为停车场。

车辆段的作业包括车辆运用作业、车辆检修作业以及为完成车辆调移而进行的调车作业。停车场除不承担车辆检修作业外,其余作业内容与车辆段相同。

1. 车辆段的主要功能

(1) 列车的停放、日常检查、一般故障处理和清扫洗刷、定期消毒,根据需要进行车辆摘挂、编组、转线等调车作业。

(2) 车辆修理:月修、定修、架修与临修。

(3) 车辆的技术改造或厂修。

(4) 车辆段内通用设施及车辆维修设备的维护管理。

(5) 乘务人员组织管理、出乘计划编制、备乘换班的业务工作。

2. 车辆段技术设备

车辆段技术设备由车库、站场、调机、供电、信号、通信、通风空调和给排水设备等组成。

(1) 车库。根据车辆段作业内容不同,车库分为停车库、列检库、定修库和架修库。停车库与列检库用于停放车辆、进行列车技术检查等日常作业。定修库与架修库用于车辆定期检修作业,有时统称为检修库。

(2) 站场。站场由咽喉区与线路两部分组成。

①咽喉区:车辆段咽喉区是指连接车库与正线的部分,由出入段线与道岔组成。咽喉区应有若干平行进路,具备一定的通过能力。此外,在满足咽喉区的运营功能前提下,应尽量缩短咽喉区长度,节约用地。

②线路:车辆段内线路按作业目的、功能,可分为出入段线、停车线、列检线、镟轮线、检修线、洗车线、牵出线、试车线、静调线、救援线和联络线。线路的配置应满足各种生产功能的要求,避免列车或车辆在段内的迂回走行或相互干扰。

(3) 调机。它是调车作业的动力,车辆段通常采用内燃机车或动车作为调机。
(4) 信号系统。

车辆段联锁设备:信号楼行车控制室设有计算机联锁监视、操作终端设备,人机界面采用2个液晶显示器显示。场调室设有ATS工作站,通过ATS工作站可监视出入场线和正线部分的列车运行情况。室外设备主要有信号机、道岔转辙机、轨道电路及电缆箱盒等设备。

联锁设备功能:车辆段的联锁设备完成列车出入段进路控制和段内调车作业,保证段内列车作业安全。车辆段联锁设备不受ATS子系统控制,仅向ATS子系统提供段内进路状态、信号机状态、道岔状态、轨道电路状态以及必要的报警信息。能够控制道岔和信号机基本状态,办理列车、调车进路,实现进路的建立、进路锁闭、开放信号、进路解锁、故障解锁等的基本联锁功能。

查一查

1. 讨论地铁车站站界划分的意义及划分的标准。
2. 站台长度有什么规定。
3. 研究地铁车辆段布置图,熟记其设备及作用。

练一练

1. 站台形式包括_____、_____或_____等。
2. 城市轨道交通车站与区间的划分,通常以_____、_____划分车站与区间;车站两端端墙内方为站内,相邻两车站端墙之间为区间。另外,还可以以_____、_____来划分。
3. 车辆段的作业包括_____、_____以及为完成_____。
4. 根据车辆段作业内容不同,车库分为_____、_____、_____和_____。
5. 车辆段技术设备如站场,它由_____与_____两部分组成。

单元三　车辆、车门

学习目标

1. 熟知地铁车辆型式、车辆编组、受电方式、载荷能力等的规定。
2. 熟知地铁车辆车门的功能、开关模式、编号规则等的规定。

相关规章

一、电客车

1. 车辆型式
车辆型式分为动车(带受电弓 Mp、无受电弓 M)、拖车(带驾驶室拖车 Tc、无驾驶室拖车

T)两种。相关教学资源见二维码4。

2. 车辆受电方式

车辆受电方式采用接触网-受电弓受电方式(或接触轨-集电靴的受电方式)。

二维码4

3. 车辆供电电压

车辆供电电压为DC1500V,波动范围DC1000V～DC1800V。

4. 车辆载荷状态

车辆载荷状态由低到高为:空载AW0、座席AW1、定员AW2(6人/m^2)、超员AW3(9人/m^2)。

5. 车辆的组成

车辆由车体、转向架、牵引与电制动、辅助电源、空气制动系统及风源系统、空调、列车自动控制、列车控制与诊断系统、车载通信和乘客信息系统、照明等组成。

6. 转向架的分类

转向架分为动车转向架和拖车转向架。

7. 牵引与电制动

牵引系统采用变频调压的交流传动系统,具有牵引和再生制动功能。

列车运行正常情况采用列车网络控制方式,后备采用硬线连接的紧急牵引控制方式。牵引与制动功能由司机控制器实现,司机控制器由主控制和方向两个手柄和主控钥匙组成。

8. 空气制动系统及风源系统

制动系统采用微机控制的直通式电空混合制动系统,具有常用制动、快速制动、紧急制动、停放制动、防滑保护以及空重车调整等功能。常用制动时,采用电制动优先;电制动力不足时由空气制动补足的混合制动方式,制动优先级为:再生制动＞电阻制动＞空气制动。快速制动时,制动方式与常用制动一致,总制动力与紧急制动相同,但可在制动过程中缓解。紧急制动时,全部使用空气制动,制动过程中不可缓解。基础制动为单元式踏面制动装置,其中一半带有停放制动功能。停放制动采用弹簧储能制动,压缩空气缓解,必要时可手动缓解。

风源系统包括有交流电动机驱动的空气压缩机、空气过滤器、空气干燥器和总风缸等设施。每列车至少配置两套风源系统。

9. 电客车编号

(1)列车编号由4位阿拉伯数字构成,前2位数字为线路号,后续2位为车组号。

(2)车辆编号由4位列车编号加1位车辆号构成。

(3)在每一单元中,以站在客室内面向驾驶室为基准,左手边为左侧,右手边为右侧。

(4)每单元靠近驾驶室的一端为一位端,另一端为二位端。

(5)每节车的右侧车门用奇数编号,从一位端至二位端自车辆号－1开始递增;每节车的左侧车门偶数编号,从一位端至二位端依次自车辆号－2开始递增。

10. 故障运行及救援能力

(1)列车在AW3载荷工况下,丧失1/4动力的情况下,能够正常往返全程。

(2)列车在 AW3 载荷工况下,丧失 1/2 动力的情况下,能够在正线最大坡道上起动,运行到下一车站。

(3)一列 AW3 载荷的列车,丧失全部动力时,能由一列空载(AW0)列车,在正线最大坡道上连挂起动并运行到下一车站。

二、车门

1. 车门系统的主要功能

车门系统为电机驱动、微处理器控制。它主要包括开关门及显示功能、障碍物探测功能和重开门功能、车门故障切除功能(车门内部及外部)、紧急解锁功能、车门旁路功能、乘务员钥匙开关功能(每辆车每侧各 1 个车门)、故障指示和诊断功能、零速保护功能等。

2. 车门的开、关模式

车门的开/关模式包括:人工模式、自动模式。

3. 车门的编号规则

运营中车门编号规则为:按照当前行车方向从车头到车尾依次为左侧/右侧 1-1～1-X…N-1～N-X(N 为第 N 节车厢,X 为该节车厢第 X 个车门,面向行车方向左手侧为左侧、右手侧位右侧)。

4. 车辆装设的通信设备

车辆装设车载信号设备、车载 PIS 和通信联络装置。

5. 车门控制系统的工作途径

车门控制系统可通过信号系统联动控制站台屏蔽门/安全门。

6. 列车车门工作的保障措施

列车设置客室门已锁闭监控旁路、ATP 门控旁路功能(由门允许按钮操作完成)、停放制动缓解监控旁路开关、所有制动缓解监控旁路开关、ATP 旁路开关、警惕按钮旁路等。具体使用规定在相应线路车辆故障应急处置指南中明确规定。

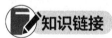

知识链接

> 1. 车门的开/关模式
>
> 以广州地铁 3 号线为例,其车门存在两种操作模式:一种是自动模式;一种是手动模式。在 ATO 模式下,当车门处于手动模式时,列车到站后可实现自动开门,但必须手动关门;如果车门在自动模式下,列车到站后可实现自动开、关门操作。
>
> 车门即可以在 ATO 模式下自动打开,也可由司机进行手动开关。实现开门需要具备以下 3 个条件才能实现。
>
> (1)开门使能;
>
> (2)开门指令;
>
> (3)零速信号。

2. 列车的编组形式

【案例1-1】 广州地铁1、2、3号线车辆采用了一样的编号形式,其车辆编码包含信息有:车辆的所属线路(一个字母或数字的位置)、车辆的类型(A、B或C车)、生产顺序号(同类型车辆的连续编号,2位数字)。不同的车辆类型以新的顺序开始编号。如图1-17所示。

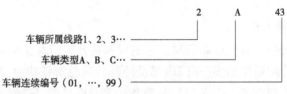

图1-17 车辆编号2A43

【案例1-2】 青岛地铁3号线采用B型车,由六节车辆(两个列车单元)编组而成,每列车采用4动2拖,编组形式为:

"+Tc1-M1-M2+M3-M4-Tc2+",其中"+Tc1-M1-M2"为一个单元,"M3-M4-Tc2+"为一个单元。"+"为半自动车钩,"-"为半永久牵引杆,"Tc"为带驾驶室的拖车,"M"为无驾驶室的动车。

【案例1-3】 《南京地铁1号线行车组织规则》

客车由两个单元电动车组编成,每个单元车采用2动1拖的编组型式为:-A*B*C=C*B*A-。

其中:"A"车为带有一个驾驶室的拖车,"B"车为装有受电弓的动车,"C"车为无受电弓的动车;"-"为自动车钩,"*"为半永久型牵引杆,"="为半自动车钩。

3. 车辆端位定义

西安地铁2号线车辆以两头车为基准,靠近驾驶室的为一位端,远离驾驶室的为二位端。客室内侧位定义:西安地铁2号线车辆以前三节为一组,后三节为一组。在每一组中,以站在驾驶室内面向客室为基准,左手记为一位侧,右手记为二位侧。

4. 车门编号原则

(1)沿每节车辆的一位侧车门用奇数编号,即每节车一位侧车门分别为1、3、5、7;沿每节车辆的二位侧车门用偶数编号,即每节车二位侧车门分别为2、4、6、8。

(2)每个车门门扇的定义为:人面对门板内侧,左手为A门扇,右手为B门扇。

在客室每侧1、5、4、8号车门内侧,3、6号门外侧设有一个紧急解锁手柄,手柄为红色,并加盖保护。

查一查

1. 根据线路运量的不同要求,城市轨道交通车辆一般有哪几种标准?
2. 地铁车辆端位是如何定义的?你还能说出其他地铁不同的定义方式吗?

练一练

1. 车辆型式分为_____、_____两种。

2. 车辆由车体、＿＿＿＿＿＿、牵引与电制动、辅助电源、空气制动系统及风源系统、空调、列车自动控制、列车控制与诊断系统、车载通信和乘客信息系统、照明等组成。

3. 电客车具有常用制动、快速制动、＿＿＿＿＿＿制动、＿＿＿＿＿＿制动、防滑保护以及空重车调整等功能。

4. 常用制动时,采用电制动优先;电制动力不足时由空气制动补足的混合制动方式,制动优先级为:＿＿＿＿＿＿＞＿＿＿＿＿＿＞＿＿＿＿＿＿。

5. 转向架分为＿＿＿＿＿＿转向架和＿＿＿＿＿＿转向架。

6. 车辆装设＿＿＿＿＿＿、车载 PIS 和通信联络装置。

7. 车门控制系统可通过＿＿＿＿＿＿联动控制站台屏蔽门/安全门。

8. 车门的开/关模式包括:＿＿＿＿＿＿、自动模式。

单元四　通信系统、信号系统

学习目标

1. 熟知地铁通信系统的组成、作用的相关规定。
2. 熟知地铁信号系统的功能。
3. 熟知地铁信号系统设备构成。
4. 熟知地铁信号系统车控级别等相关规定。

相关规章

一、通信系统(相关资源见二维码5)

二维码5

通信系统由传输系统、专用电话系统、专用无线通信系统、公务电话系统、闭路电视监视系统、广播系统、时钟系统、乘客信息系统等子系统组成。

1. 传输系统

传输系统是采用光纤通信为主的专用通信传输系统网络。

2. 专用电话系统

专用电话系统是为各专业调度员、行车值班员、车辆段调度员、信号楼值班员指挥列车运行的重要通信工具,是为列车运营、电力供应、日常维修、防灾救护提供指挥手段的专用通信系统。该系统主要包括调度电话、站内电话、站间行车电话等。

3. 专用无线通信系统

专用无线通信系统应提供控制中心调度员、车场调度员、车站值班员等固定用户与列车司机、防灾、维修等移动用户之间的通信手段,满足行车安全、应急抢险的需要。它包括控制中心、车场专用无线调度台、车站无线固定台、车载电台、无线手持台、无线对讲机等。

4. 公务电话系统

控制中心、全线车站、车场等场所内设有公务电话系统。

5. 闭路电视监视系统

闭路电视监视系统(CCTV)是为了加强轨道交通运营和管理,以及处理应急突发事故,满足OCC各专业调度员、行车值班员等监视运营生产的需要而设置的。该系统摄像头主要设在车站、主变电所等关键位置,可实现中央和车站控制。

6. 广播系统

广播系统由正线运营广播系统、车辆基地广播系统组成。正线运营广播系统行车和防灾广播的区域统一设置,防灾广播优先于行车广播。

7. 集中录音

集中录音:在控制中心、车站及车辆段/停车场分别对专用电话系统语音、专用无线通信语音、公务电话系统语音以及广播系统语音进行集中录音。

8. 时钟系统

时钟系统是为控制中心调度员、车站值班员、各部门工作人员及乘客提供统一的标准时间信息,为其他系统的中央设备提供统一的时间信号。时钟系统采用控制中心与车站/车辆段/停车场两级组网方式。由中心母钟(一级母钟)、车站/车辆段/停车场母钟(二级母钟)、时间显示单元(子钟)及传输通道、接口设备、时钟信号分配单元和系统网管设备组成。

9. 乘客信息系统

乘客信息系统(PIS)是向乘客及时准确地提供列车运行状态、安全事项等多媒体综合信息的显示系统。其分为控制中心子系统、车站子系统、车载子系统、网络子系统、广告管理子系统等。

二、信号系统(相关教学资源见二维码6)

信号系统采用基于无线通信的移动闭塞式ATC系统。

1. 信号系统按功能分类

信号系统按照功能分为以下几个子系统:

(1)列车自动监控(ATS)子系统:监控、指挥全线列车运行。

(2)列车自动保护(ATP)子系统:监督及控制列车安全地运行,应满足故障导向安全原则。

(3)列车自动运行(ATO)子系统:自动控制列车运行,在ATP的保护下,根据ATS的指令实现列车的自动驾驶,确保达到设计间隔及旅行速度。

(4)计算机联锁(CI)子系统:计算机联锁设备是实现道岔、信号机、轨道区段间的正确联锁关系及进路控制的安全设备,是确保行车安全的基础设备,必须符合故障导向安全原则及应有必要的冗余措施。正线和车场联锁系统分别独立配置,同时车场配备微机检测设备。

2. 信号系统设备按所处地域分类

信号系统设备按所处地域划分:

(1)控制中心信号设备:ATS子系统中央设备,包括服务器、调度工作站、系统维护/管理工作站、时刻表(离线/在线)编辑器、背投及打印设备等;联锁中央本地操作工作站,原则上只监不控,用于行车调度员观察全线列车进路及列车运行情况。

(2)车站信号设备:

①联锁站设置联锁室内设备;设备集中站设置ATP/ATO室内设备、车-地双向通信室内设备、列车检测定位设备、ATS车站设备、接口单元、继电器柜、电缆架、室内分线柜、电源设

备、UPS 和电池等；一般车站信号设备设置电缆分线架、车-地双向通信室内设备、ATS 接口设备等。

②有岔站设有联锁本地操作工作站，用以站控时排列列车进路，监控列车运行。无岔站也设有联锁本地操作工作站，用于监视本车站范围内的列车运行。

③部分站台头端设有无人驾驶自动折返按钮。

④车站设置发车指示器，用于显示停站时间倒计时。

⑤车控室设有 IBP 应急控制盘，盘面上、下行线路上设有紧急停车、取消紧急停车、扣车、取消扣车等功能按钮。

⑥车站每侧站台设有 2 个紧急停车按钮，紧急停车按钮状态作为进路排列必须检查的联锁条件之一。

(3) 轨旁信号设备：信号机、转辙机、车-地双向(或单向)通信设备、列车检测定位设备等。

(4) 车载信号设备：ATP、ATO 和车-地通信设备。

(5) 车场信号设备：车场微机联锁室内外设备、试车线信号设备、培训系统、维修检测设备等。

3. 列车控制级别

列车控制级别分为：连续式列车控制级、点式列车控制级、联锁列车控制级。列车只能在其中的一种控制级别上运行，详见表 1-6。

列车控制级别 表 1-6

列车控制级别	主 要 特 点
连续式列车控制	列车接收一个来自连续通信系统的移动授权。列车闭塞区域不受轨道空闲检测系统的制约，现场信号机均为灭灯状态
点式列车控制	列车接收一个来自固定和可变数据应答器的移动授权，司机必须按照轨旁信号机及车载信号设备显示驾驶。此作为连续式列车控制级的后备模式
联锁列车控制	列车不接收来自轨旁的移动授权，司机必须按照轨旁信号机显示驾驶。此作为点式列车控制级的后备模式

4. 列车驾驶模式

列车驾驶模式：分为非限制人工驾驶模式(NRM)、限制人工驾驶模式(RM)、ATP 监督人工驾驶模式(SM)、列车自动驾驶模式(AM)4 种。

5. 信号机进路控制模式

信号机进路控制模式：分为自排、追踪、人工 3 种。当进路始端信号机被封锁时，进路建立后不能自动开放信号，但在条件满足的情况下可以开放引导信号。

6. 确定道岔位置所采取的方式

道岔一般情况下采用左(右)位方式确定位置；若采用定(反)位方式确定位置时现场必须进行标识。

7. 计轴的安装与使用

计轴安装在轨道空闲检测区间的两端。计轴设备被用于区间、道岔区段和车站区域列车占用状态的自动检测,实现轨道区段空闲检测和道岔区段的空闲或占用检测。

8. 照查电路的设置

车场和正线信号系统接口设有照查电路。

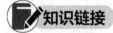
知识链接

1. 名词术语

(1) CTC(Continuous Train Control):连续列车控制

在连续式通信级(或移动闭塞级),移动授权由轨旁经由无线通道发送到列车,列车通过无线通道建立车-地之间的双向通信来控制列车。在该级别下,室外所有信号机灭灯,司机可根据车载信号以 ATO/SM 驾驶列车。

(2) ITC(Intermittent Train Control):点式列车控制

点式通信级作为连续式通信级的后备模式,移动授权来自信号机的显示,并通过可变数据应答器由轨旁点式的传送到列车。在该级别下,司机根据地面显示和车载信号以 ATO/SM 驾驶列车。

(3) IXLC:联锁列车控制

如果连续式或点式通信级故障,作为降级运行模式,可由标准色灯信号机系统为列车提供全面的联锁防护。在该级别下,司机根据地面信号显示驾驶列车。

(4) LOW 工作站:微机联锁工作站(本地操作员工作站)。

(5) DTI:发车表示器,掌握其设置的位置及其显示意义。

(6) 道岔左/右位:对道岔开通方向的描述,道岔左位指面向道岔尖轨,道岔开通左侧线路的位置称之为左位,反之则称为右位。

(7) 联锁:指信号系统中的信号机、道岔和进路之间建立一定的相互制约、相互联系的关系。如进路防护信号机在开放前检查进路空闲、道岔位置正确及敌对进路未建立等。信号机开放后,道岔不能动,这种相互制约、相互联系的关系称为联锁。

(8) 联锁模式:具备联锁但不具备车载 ATP 功能的模式称为联锁模式,该模式列车控制完全由司机根据地面信号机显示人工驾驶。

(9) 计轴区段:由两个相邻计轴设备划定的轨道区段,在信号系统后备模式(点式列车控制、联锁列车控制)下可根据其占用状态确定列车在信号系统内的运行位置。

(10) 计轴系统:所有计轴点、计轴电路及其他计轴设备的通称。

2. 列车自动运行控制系统

列车自动运行控制(Automatic Train Control 简称 ATC)系统是列车运行自动控制系统。

(1) ATP 系统是保证行车安全、防止列车进入前方列车占用区段和防止超速运行的设备。ATP 系统负责全部的列车运行保护,是列车安全运行的保障。ATP 系统执行以下安全功能:速度限制的接收和解码,超速防护,车门管理,自动和手动模式的运行,司机控制台接口,车辆方向保证,永久车辆标识。

ATP 系统由地面设备、车载设备组成,主要用于对列车驾驶进行防护,对与安全有关的设备或系统实行监控,实现列车间隔保护、超速防护等功能,监督列车在安全速度下运行,确保列车一旦超过规定速度,立即施行制动。

(2)ATO 系统,主要实现"地对车控制",即用地面信息实现对列车驱动、制动的控制。它包括列车自动折返,根据控制中心指令自动完成对列车的起动、牵引、惰行和制动,送出车门和屏蔽门同步开关信号,使列车按最佳工况正点、安全、平稳地运行。

(3)ATS 系统主要是实现对列车运行的监督和控制,辅助行车调度员对全线列车运行进行管理,它由控制中心、车站、车辆段以及车载设备组成。

ATS 系统给行车调度员显示出全线列车的运行状态,监督和记录运行图的执行情况,在列车因故偏离运行图时及时做出反应(提出调整建议或者自动修整运行图),通过ATO 子系统的接口,向乘客提供运行信息通报。

3. 列车驾驶模式

目前较先进的地铁车辆的列车驾驶模式主要有以下5种:AM 模式(列车自动驾驶模式)、AR 模式(列车自动折返模式)、SM 模式(受 ATP 保护的人工驾驶模式)、RM 模式(限制的人工驾驶模式)和 NRM 模式(非限制的人工驾驶模式)。

(1)AM(自动驾驶)模式

基本特征:AM 模式是最优先级的驾驶模式,通过 ATC 信号系统实现。该种模式下,两站间的列车自动运行,列车的运行不取决于司机。司机负责监督 ATP/ATO 指示,列车状况,所要通过的轨道、道岔、信号的状态,必要时加以干预。

基本运用:正线的正常运行(包括折返线和试车线)。

(2)AR(自动折返)模式

基本特征:AR 模式包括列车的自动换向和有折返轨的自动折返。其中有折返轨的自动折返又可分为人工折返和无人折返。

基本运用:在折返站和具有换向功能的轨道区段使用。

(3)SM(监督人工驾驶)模式

基本特征:SM 模式是次优先级的驾驶模式,正常情况下培训时采用,或当 ATO 设备故障,但车载和轨旁的 ATP 设备良好时必须采用。在 SM 模式下,司机必须根据显示屏显示的推荐速度驾驶列车,当实际速度在推荐速度 -1km/h 到推荐速度 $+4$km/h 范围时,会有声音报警;当实际速度大于推荐速度4km/h 时,ATP 产生紧急制动,司机要负责监督列车状况,所要通过的轨道、道岔、信号的状态。司机以 SM 模式驾驶时,要保持按下警惕按钮,否则会产生紧急制动。司机以 SM 模式驾驶列车进站,停车在停车窗内,ATP 给出门释放命令后,司机手动开门。

基本运用:ATO 故障时的降级运行。运行时轨道上发现有障碍物(如人)。列车在下雨时在地面站行驶。

(4)RM(限制人工驾驶)模式

基本特征:RM 模式是较低级的驾驶模式,在该模式下,列车由司机驾驶,司机负责监督 ATP/ATO 指示显示,列车状况,所要通过的轨道、道岔、信号的状态。速度不能大于 25km/h,ATP 只提供 25km/h 的超速防护。

基本运用:车辆段运行,或联锁、轨道电路、ATP 轨旁设备发生故障及列车紧急制动后运行。

(5)NRM(非限制人工驾驶)模式

基本特征:URM 模式是故障级驾驶模式。在该模式下,列车的运行完全由司机负责,没有ATP的监控。国内部分地铁车辆采用 URM 模式时,列车前进最高速度可达 80km/h,列车后退最高速度可达 10km/h。

基本运用:车载 ATP 设备故障,不能使用。车辆部分设备检修和调试。

在正线上,司机可根据线路、设备状态及运营要求,以某一种驾驶模式驾驶列车运行。

查一查

1. 城市轨道交通运营企业各部门有哪些专用通信设备?
2. 简述不同的驾驶模式适用的信号控制模式是什么?

练一练

1. ＿＿＿＿＿＿系统是为各专业调度员、行车值班员、车辆段调度员、信号楼值班员指挥列车运行的重要通信工具,是为列车运营、电力供应、日常维修、防灾救护提供指挥手段的专用通信系统。

2. 乘客信息系统(PIS)分为＿＿＿＿＿＿子系统、车站子系统、＿＿＿＿＿＿子系统、网络子系统、广告管理子系统等。

3. 信号系统采用基于无线通信的移动闭塞式＿＿＿＿＿＿系统。

4. 信号系统按照功能分为以下几个子系统:列车自动监控(ATS)子系统、列车自动保护(ATP)子系统、＿＿＿＿＿＿、计算机联锁(CI)子系统

5. 车站设置＿＿＿＿＿＿,用于显示停站时间倒计时。

6. 轨旁信号设备:＿＿＿＿＿＿、转辙机、车-地双向(或单向)通信设备、列车检测定位设备等。

7. 列车控制级别分为:连续式列车控制级、＿＿＿＿＿＿联锁列车控制级。

8. 连续式列车控制的特点是列车接收一个来自连续通信系统的移动授权。列车闭塞区域不受轨道空闲检测系统的制约,现场信号机均为＿＿＿＿＿＿状态。

单元五　供　电　系　统

学习目标

1. 熟知供电系统组成、功能。
2. 熟知接触网供电方式。

3.熟知供电系统的外部电源方案。
4.熟知电力监控系统的功能。

相关规章

1.供电系统的范围

供电系统包括外部电源、主变电所、牵引供电系统、动力照明供电系统、电力监控系统。

2.供电系统采用的供电方式

供电系统采用集中式110kV/35kV两级电压供电,牵引、动力和照明混合网络供电方式。

3.变电所的分类

变电所分为:主变电所、牵引降压混合变电所、降压变电所、跟随式变电所。

4.牵引供电

(1)牵引网由接触网、回流网和连接电缆组成。

(2)接触网采用架空接触网。车辆段和高架采用柔性架空接触网、隧道采用刚性架空接触网。

(3)牵引供电电压为DC1500V,波动范围DC1000V~DC1800V。

(4)接触网分区标识规定为:上行线用字母A加数字标识,下行线用字母B加数字标识;辅助线用字母C加数字标识;车场用字母D加数字标识(同一条线车辆段与停车场数字不允许重复)。

(5)接触网导线距轨面的标准距离:隧道内为4040mm;隧道口至车场接触线悬挂点逐渐抬升到距轨面高度5000mm;车场月检库接触线悬挂点不低于5000mm。

(6)接触网正常供电方式有双边供电和单边供电两种。在非正常情况下,可采取越区供电方式维持运营。

5.各类用电负荷的设备

动力、照明等用电负荷应按照供电可靠性要求及失电影响程度分为一类负荷、二类负荷、三类负荷。各类负荷设备包括:

(1)一类负荷:消防用电、防灾报警、消防泵、事故风机、通信、信号、售检票机、事故照明、兼作紧急疏散用自动扶梯。

(2)二类负荷:普通风机、空调机组、排水泵、污水泵、普通自动扶梯、直升电梯、一般照明。

(3)三类负荷:冷冻机组、冷冻冷却泵、电热设备、广告照明、清洁设备。

6.电力监控系统的构成及功能

电力监控系统是由设置在控制中心的电力监控调度系统、设置在沿线变电所的综合自动化系统以及联系它们的通信通道构成。其功能包括遥控、遥信、遥测、遥调,并具备数据传输及处理、报警处理及统计报表、用户画面、自检、维护和扩展、信息查询、安全管理、系统组态、在线检测、时钟同步、培训等功能。

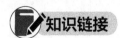知识链接

城市轨道交通供电系统（相关教学资源见二维码7）

城市轨道交通供电系统，担负着运行所需的一切电能的供应与传输，是城市轨道交通安全可靠运行的重要保证。

城市轨道交通的用电负荷按其功能不同可分为两大用电群体：一是电动客车运行所需要的牵引负荷；二是车站、区间、车辆段、控制中心等其他建筑物所需要的动力、照明用电，诸如：通风机、空调、自动扶梯、电梯、水泵、照明、AFC系统、FAS、BAS、通信系统、信号系统等。

二维码7

在上述用电群体中，有不同电压等级直流负荷、不同电压等级交流负荷；有固定负荷、有时刻在变化的运动负荷。每种用电设备都有自己的用电要求和技术标准，而且这种要求和标准又相差甚远。城市轨道交通供电系统就是要满足这些不同用户对电能的不同需求，以使其发挥各自的功能与作用。

保证电动客车畅行，安全、可靠、迅捷、舒适地运送乘客，是供电系统的根本目的。

城市轨道交通作为城市电网的特殊用户，一般用电范围多在10~30km之间。城市轨道交通系统的外部电源方案，主要有集中式、分散式、混合式等不同形式。究竟采用何种方式，应通过计算确定需要负荷之后，根据城市轨道交通路网规划、城市电网构成特点、工程实际情况综合分析确定。

查一查

不同地铁公司电动车组受电方式及供电系统采用的供电方式是什么？

练一练

1. 供电系统包括_____、主变电所、牵引供电系统、动力照明供电系统、_____。

2. 变电所分为：_____、牵引降压混合变电所、_____、跟随式变电所。

3. 牵引网由_____、回流网和连接电缆组成。

4. 接触网正常供电方式有双边供电和_____两种。

5. 电力监控系统是由设置在_____的电力监控调度系统、设置在沿线变电所的综合自动化系统以及联系它们的通信通道构成。

6. 接触网正常供电方式有双边供电和单边供电两种。在非正常情况下，可采取_____方式维持运营。

7. 消防用电、防灾报警、消防泵、事故风机、通信、信号用电属于_____类用电负荷。

8. 城市轨道交通系统的外部电源方案，主要有_____、_____、混合式等不同形式。

单元六　屏蔽门/安全门

学习目标

1. 熟知屏蔽门的构成、功能。
2. 熟知屏蔽门的操作方式的有关规定。
3. 熟知屏蔽门开关门优先级控制的有关规定。
4. 能够对屏蔽门进行站台级控制和就地级控制。

相关规章

1. 屏蔽门和安全门的设置

地下车站设置屏蔽门,高架车站设置安全门。

2. 屏蔽门系统的构成

屏蔽门系统由机械和电气两部分构成。机械部分包括门体结构和门机传动系统;电气部分包括电源系统、控制系统及监视系统。

3. 门体结构的组成

屏蔽门/安全门门体结构由承重结构、门槛、顶箱、滑动门、固定门、应急门和端门组成。

4. 屏蔽门和安全门的安装位置、数量及其编号

屏蔽门/安全门的滑动门与列车客室门在位置、数量上对应。运营中将每侧屏蔽门/安全门滑动门的编号为:按照站台运行正方向从头端界开始至尾端界依次为 1-1 ~ 1-X…N-1 ~ N-X(N 为第 N 节车厢,X 为该节车厢第 X 个车门对应的滑动门)。

5. 屏蔽门的功能

屏蔽门具有障碍物检测及处理功能,并有障碍物故障报警功能。

6. 屏蔽门的操作

站台端 PSL、车控室 IBP 盘可进行整列屏蔽门手动开关操作,滑动门 LCB 可以对单个滑动门进行手动开关和隔离,站台侧可用专用钥匙手动打开滑动门、应急门和端门,在轨道侧可以通过紧急解锁装置打开滑动门、应急门和端门。

7. 等电位装置的设置

屏蔽门与列车之间存在电位差。为确保乘客和工作人员的安全,在屏蔽门与车辆之间设置等电位装置,通过电缆与钢轨相互连接消除电位差。

8. 屏蔽门开关门的优先级控制

屏蔽门开关门优先级控制由低到高分别为:车站级自动控制(信号系统发送开关门命令)、站台端头 PSL 控制、车站 IBP 控制、滑动门 LCB 控制、滑动门手动控制。

9. 各种行车模式下对屏蔽门和安全门的操作

在移动闭塞法组织行车时,电客车 AM/SM 模式进站准确对标停车后可以实现车门与屏蔽门/安全门联动开关功能。AM 模式下由信号系统自动发出开门指令,SM 模式下由司机按压车门打开按钮发出开门指令;在进路闭塞法和区段闭塞法组织行车时,司机或站务人员需到站台端头操作 PSL(就地控制盘)打开屏蔽门/安全门。

知识链接

1. 名词术语

(1)屏蔽门/安全门:安装在车站站台边缘,将行车的轨道区与站台候车区隔开,设有与列车门相对应、可多极控制开启与关闭滑动门的连续屏障。高站台门门体高度大于等于2m,其中将轨道区与站台候车区封闭隔离的称封闭式屏蔽门;门体高度大于2m但未将轨道区与站台候车区封闭隔离的称非封闭式屏蔽门,门体高度小于2m的称安全门。

(2)头端界:出站信号机对应位置。

(3)尾端界:当尾端有信号机时,规定为尾端信号机对应的位置;当尾端无信号机时,规定为邻线出站信号机平齐的位置。

(4)IBP控制盘:设于车控室内,在盘面上设置信号、牵引供电、安全门、自动扶梯等系统的按钮和表示灯。

(5)PSL:安全门就地控制盘。

(6)PSD:站台安全门。

2. 屏蔽门

(1)屏蔽门/安全门的功能

地铁屏蔽门是一项集建筑、机械、材料、电子和信息等学科于一体的高科技产品,使用于地铁站台。屏蔽门将站台和列车运行区域隔开,通过控制系统控制其自动开启。屏蔽门能有效地减少空气对流造成的站台冷热气的流失,保障列车、乘客进出站时的安全,降低了列车运行所产生的噪声对车站的影响;地铁屏蔽门能为乘客营造一个安全、舒适的候车环境,具有节能、安全、环保、美观等功能。安全门只起到安全和美观的作用,适合没有安装空调系统的站台,一般为地面站台或高架站台。屏蔽门适合安装空调系统的站台,一般为地下站台,是最常用的一种。屏蔽门,如图1-18所示;安全门,如图1-19所示。

图1-18 屏蔽门

图1-19 安全门

(2)门体结构

①滑动门(ASD):滑动门为正常运营时乘客上下车的通道,与列车车门一一对应,

其开门方式采用中分双开方式。滑动门在轨道侧设有手动解锁装置,手动开门把手采用外置式,在站台侧设有钥匙开关。当系统级控制和站台级控制失效,如电源供应或控制系统故障,滑动门不能自动打开时,乘客可从轨道侧手动开门,或站台人员可从站台侧用钥匙解锁手动操作开门。

②固定门(FIX):固定门为不可开启的门体,位于滑动门与应急门之间,是站台与区间隧道隔离和密封的屏障。

③应急门(EED):应急门一般当作固定门使用,在列车进站无法停靠在允许的误差范围位置时,必有一道列车门对准应急门。若需要由应急门紧急疏散时,可由乘客在轨道侧列车上打开相应的列车门后推动应急门的解锁装置,或由站台侧站台工作人员用专用钥匙打开应急门进行紧急疏散。

④端门(MSD):端门是列车在区间隧道火灾或故障时的乘客疏散通道以及工作人员进出站台公共区的通道。正常运营状态,端门保证关闭并锁紧,不会由于风压而导致端门解锁打开。工作人员可从轨道侧推压门锁推杆或从站台侧用专用钥匙打开端门。

(3)屏蔽门编号规则

【案例1-4】《青岛地铁3号线行车组织规则》中安全门编号:从站台头端墙开始往尾端墙方向依次编号,分别为1-1~1-4…N-1~N-X…6-1~6-X(N代表第几节车厢,X代表该节车厢对应的第几个安全门),每侧有24对滑动门。端门的编号:头端门为01,尾端门为02。

【案例1-5】《广州地铁5号线行车组织规则》中,对站台每侧屏蔽门(安全门)各门单元的编号为:从站台运行正方向尾端墙开始往头端墙方向依次编号分别为第1单元~第18单元。

查一查

1. 不同地铁公司的屏蔽门或安全门的编号规则。
2. 屏蔽门开关门优先级控制由低到高分别是什么?

练一练

1. 地下车站设置屏蔽门,高架车站设置_____。
2. 屏蔽门系统由机械和电气两部分构成。机械部分包括门体结构和门机传动系统;电气部分包括_____、_____及监视系统。
3. 屏蔽门/安全门门体结构由承重结构、门槛、顶箱、_____、_____、应急门和端门组成。
4. 屏蔽门具有障碍物检测及处理功能,并有障碍物故障_____功能。
5. 为确保乘客和工作人员的安全,在屏蔽门与车辆之间设置等电位装置,通过电缆与钢轨相互连接消除_____。
6. 屏蔽门开关门优先级控制由低到高分别为:车站级自动控制(信号系统发送开关门命令)、站台端头PSL控制、_____、滑动门LCB控制、滑动门手动控制。

单元七 综合监控系统(ISCS)

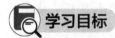

1. 熟知综合监控系统的组成、功能的相关规定。
2. 会使用综合监控系统。
3. 熟练操作综合后备盘(IBP)。

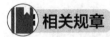

1. 综合监控系统集成或互联的子系统

综合监控系统集成或互联的子系统有：电力监控系统、环境与设备监控系统、火灾自动报警系统、列车自动监控系统、广播系统、乘客信息系统、闭路电视监视系统、站台门控制系统、自动售检票系统、门禁系统、时钟系统、集中告警系统。

2. 综合监控系统的结构体系

综合监控系统采用两级管理、三级控制的结构体系。两级管理分别是中央级和车站级；三级控制优先级从高到低依次为就地级、车站级、中央级。

3. 综合后备盘(IBP)的功能

综合后备盘(IBP)功能主要包括：站台紧急停车、扣车与放行、通风排烟系统的紧急模式控制、专用消防设备控制、自动检票机释放、门禁控制、防淹门监控、电扶梯控制和站台门控制。在综合监控系统故障或瘫痪不可用时，由车站通过综合后备盘进行现场设备的重要状态的监视和手动紧急控制。

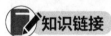

综合监控系统

综合监控系统是一个高度集成的综合自动化监控系统。其目的主要是通过集成城市轨道交通多个主要弱电系统，形成统一的监控层硬件平台和软件平台，从而实现对各被集成系统的集中监控和管理功能，实现对列车运行情况和客流统计数据的关联监控功能，并对通信系统和设备进行统一的监控，最终实现相关各系统之间的信息共享和协调联动功能。通过综合监控系统统一的用户界面，运营管理人员能够更加方便、更加有效地监控管理整条线路的运作情况。如图1-20所示。

1. 环境与设备监控系统(BAS)

为了给乘客创造安全可靠和舒适的乘车环境，车站及地下区间隧道内设有各种正常运营保障设备(通风空调设备、给排水设备、照明设备、导向设备、自动扶梯等)和事故及紧急情况防救灾设施(水消防系统、防排烟系统、事故照明系统等)。为实现对以上设施设备的集中监控和管理，设置环境与设备监控系统。BAS具有中央级集中监控、车站级集中监控、就地监控3种。

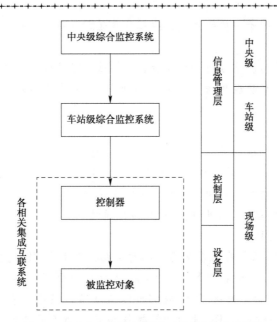

图1-20　综合监控系统及其接入系统层次划分示意图

2. 火灾自动报警系统(FAS)

在车站或控制中心接收并储存本站或全线火灾报警信息、显示报警部位,并具有火灾确认的功能;接收并储存火灾自动报警系统4类设备(即探测设备、模块、火灾报警控制盘和电源)的主要运行状态。FAS有中央和车站两级监控。

3. 广播系统(PA)

在控制中心可以多种模式对全线的广播进行控制。在车站可以多种模式对本站的广播进行控制。车站广播的主要作用:一是及时向乘客通报正常运营信息,在出现故障等非正常情况下通报行车和客运安排,组织、疏导、安抚乘客有序乘降列车,及时疏散车站人员,加快事故处理进程;二是播放音乐改善候车环境;三是紧急召唤检修、抢修人员或车站其他工作人员。

4. 乘客信息系统(PIS屏)

乘客信息系统通过设在车站的各类显示终端,为乘客提供列车运行信息;在紧急情况下发布紧急信息,以帮助疏导乘客;在车站的各类显示终端,发布广告。

5. 闭路电视监视系统(CCTV)

闭路电视监视系统,可对各车站主要生产装置、设施、关键设备及重要部位进行全面直观的实时安全监视,为控制中心调度员、各车站值班员、公安值班人员等提供有关列车运行、旅客疏导、防灾救火、突发事件等现场视频信息。这是保证城市轨道交通各车站安全运行的重要手段。

6. 自动售检票系统(AFC)

自动售检票系统,是由城市轨道交通用于自动售票、自动检票和自动统计、结算的一系列设备所构成。它是集机械、电子、计算机应用、计算机网络管理、通信传输、票务政策及票务管理等功能于一体的控制系统和信息管理系统。

7. 门禁系统

门禁系统的主要功能是方便授权人员在受控情况下方便地进入设备管理区域。由车站公共区进入设备和管理用房区的通道门处、一般重要房间以及特别重要的房间设置门禁现场设备。

8. 时钟系统（CLK）

为保证城市轨道交通列车安全、准时、可靠运行，需要各部门、各专业之间密切配合，因此城市轨道交通设置时钟系统以保证准时服务乘客、统一全线设备标准时间。时钟系统具有显示统一的标准时间信息和向其他系统提供标准时间信息的功能。时钟系统由中心母钟、监控终端、二级母钟、子钟及传输通道构成。

9. 综合后备盘（IBP）

综合后备盘（IBP）放置在轨道交通车站的车站控制室内，IBP 盘上设置紧急控制按钮、状态指示灯等，对重要设备进行应急监控。其控制级别高于各系统操作站。在自动控制、远程控制失效或紧急情况下时，我们可以通过操作 IBP 盘来完成对设备的控制。因此，IBP 盘是最后的防线。IBP 盘的任何操作和启用都必须要听从调度的命令，得到调度命令后才能操作，车站不能随意操作。日常唯一可以操作的按钮就是一个试灯按钮，定期按压，测试 IBP 盘的各个指示灯显示是否正常。如图 1-21 所示。

图 1-21 综合后备盘

查一查

1. 综合监控系统的两级管理、三级控制的具体内容是哪些？
2. 简述自动售检票系统各设备的功能。

练一练

1. 综合监控系统采用_____、_____的结构体系。
2. 综合监控系统的两级管理分别是_____和_____；三级控制指的是_____、_____、_____。

3. 综合监控系统的三级控制优先级从低到高依次为_____、_____、_____。
4. BAS 具有_____集中监控、_____集中监控、_____集中监控 3 种。
5. 时钟系统具有_____和_____的作用。
6. 门禁系统主要功能是方便_____在受控情况下方便地进入设备管理区域。
7. 时钟系统由_____、_____、_____、子钟及传输通道构成。
8. IBP 盘上设置_____,状态指示灯等,对重要设备进行应急监控。
9. FAS 有_____和_____两级监控。
10. 在综合监控系统故障或瘫痪不可用时,由_____通过综合后备盘进行现场设备的重要状态的监视和手动紧急控制。

单元八　防淹门、通风空调系统、给排水与水消防

学习目标

1. 熟知防淹门系统的组成及开门形式。
2. 熟知防淹门的运行控制方式。
3. 熟知通风空调系统的组成及控制等级。
4. 熟知给排水系统与水消防系统的设施设备。

相关规章

一、防淹门

1. 防淹门的开门形式
防淹门开门形式主要分为平开式和升降式两种。
2. 防淹门系统的组成
防淹门系统由机械设备和控制系统两部分组成。
3. 防淹门系统的监视功能
防淹门系统具备控制中心、车站、就地三级监视功能。
4. 闸门操作功能的模式
闸门操作功能有自动和手动两种。按模式又分为远方(车控室)、就地和检修 3 种模式。
5. 运行控制方式
(1)为保障行车安全,运行控制方式总的要求是:区间水位报警为自动报警方式,门体控制为人工操作确认的控制模式。
(2)防淹门全开位状态为信号系统的一个联锁条件,信号系统的允许关门信号为防淹门关门控制的一个联锁条件。
(3)闸门的全开位状态和关门控制与信号专业联锁。只有通过关门请求按钮通知信号

系统,收到信号系统允许关门信号后,关门按钮才被解锁。通过车控室 IBP 盘或就地控制柜发出开/关闸门等相关控制命令,实现闸门的开/关操作。

(4)通常情况下控制权限处于"远方控制",以便在紧急情况下站务人员在车控室能够迅速关闭防淹门。

二、通风空调系统

1. 通风系统的组成

通风系统由隧道风系统、车站公共区通风系统(大系统)、车站设备、管理用房通风系统(小系统)组成。

2. 通风系统设备控制的优先级

通风系统设备采用 3 级控制,控制优先级从高到低依次为就地级、车站级、中央级。

3. 空调系统的供冷方式

空调系统采用分散供冷的方式,各站均设有冷水机组,独立供冷;冷水机组向大小系统供应冷源。

三、给排水与水消防

1. 给水系统的作用及水源

给水系统用于满足生产、生活和消防用水对水量、水压和水质的要求;水源通常采用城市自来水。

2. 排水系统的功能

轨道交通设置排水系统,除生活及粪便污水应单独排放外,结构渗漏水、冲洗及消防废水和出入口雨水合流至车站或区间集水井排除。

3. 水消防

(1)地下车站、地面及高架车站由城市自来水环状管网上引入两根消防给水管。

(2)地下车站和地下区间,地面、高架车站的室内消防给水系统设计为环状管网;地下区间上下行线各设置一根消防给水管,在地下车站端部和车站环状管网相接。

(3)区间消防给水干管沿行车方向右侧布置,消防干管每隔 50m 预留栓口,每 5 组消火栓栓口间设检修蝶阀,在车站站台端部设置区间专用消防器材箱。

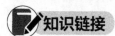知识链接

> 1. 防淹门
>
> (1)概述
>
> 防淹门是为防止因突发事故造成隧道破裂后河水涌进地铁站而造成事故扩大,特在过江段两端的地铁站端部与隧道接口处或区间内设置防淹门系统,以便发生事故时能紧急关闭闸门,封闭过江隧道,保护地铁站人身和设备的安全。如图 1-22 所示。
>
> 防淹门应满足限界的要求,在正常运营情况下,门体、门槽应不侵入设备限界;水灾情况下,防淹门关闭,其门体、门槽、门槛应能承受最大水头的侧压力。

（2）防淹门的控制方式

防淹门的控制方式包括车站控制、现场控制、紧急控制。如图 1-23 所示。

图 1-22　防淹门机械部分

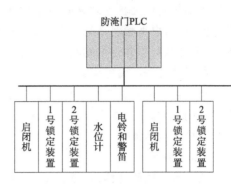

图 1-23　防淹门控制系统的结构

①车站控制。

关门过程：水位检测装置判断出需要关闭闸门→向信号系统自动发出关门请求信号，或向车控室 IBP 盘发出报警信号后由工作人员按下关门请求信号→信号系统同意关门→工作人员在车控室 IBP 盘上按下关门按钮→关门→防淹门系统向信号系统和 IBP 盘反馈门闸门关闭的状态信号。

开门过程：车站工作人员接收到后开门指令→按下开门按钮→开门→向信号系统和 IBP 盘反馈控制室闸门打开且锁定的状态信号。

②现场控制。车站值班人员取得开/关门指令授权后，到防淹门控制室操作就地控制柜上的开/关门按钮，打开或关闭防淹门。

③紧急控制。当车站 IBP 盘接收不到信号系统的同意关门信号时，可通过人工确认(行车调度员用电话通知值班人员同意关门)，操作带锁的关门按钮后，完成防淹门的关闭；当车站级控制系统故障使防淹门无法关闭时，由授权的车站值班员到防淹门控制室，通过就地控制柜关闭防淹门。当启闭装置故障或启闭装置失电，由授权的车站工作人员到防淹门机房，通过手动操作机构关闭闸门。在就地控制柜上进行开/关门操作时，可随时暂停和重新执行开/关门控制。

2. 通风空调系统

（1）通风空调系统的组成

城市轨道交通通风空调系统的组成，实际上是与各地下车站功能区的划分密切相关的。其中还必须兼顾到安全性考虑，如防排烟系统的设置问题。不管是站台加装了屏蔽门的屏蔽门系统还是通常所说的闭式系统，车站内部的通风空调系统均可简化为 4 个子系统：公共区通风空调兼排烟系统；设备管理用房通风空调兼排烟系统；隧道通风兼排烟系统；空调制冷循环水系统。

（2）城市轨道交通通风空调系统的控制

城市轨道交通通风空调系统控制由中央控制(OCC)、车站控制和就地控制 3 级组成。

①中央控制(OCC)在控制中心，是以中央监控网络和车站设备监控网络为基础的

网络系统,对全线的通风及空调系统进行监控,向车站下达各种运行模式指令或执行预定运行模式。

②车站控制设置在各站点的车站控制室内,对车站和所管辖区的各种通风空调设备进行监视,向中央控制系统传送信息,并执行中央控制室下达的各项命令。车站火灾发生时,车站控制室作为车站指挥中心,与火灾报警系统协调工作,根据实际情况将有关通风空调系统转入灾害模式运行。

③就地控制设置在各车站环控电控室,其具有单台设备就地控制功能,以方便设备的调试、检查和维修。就地控制具有优先权。

3. 给排水与水消防

(1) 给水系统

地铁给水系统的选择,应根据生产、生活和消防等各项用水对水质、水压和水量的要求,结合市政给水系统等因素确定。一般按下列情况选择给水系统:

①为保证人员饮用水的水质,地铁宜采用生活和消防分开的给水系统。生活给水管宜由市政自来水管引入。但生产用水可和消防或生活给水系统共用。

②当城市自来水的供水量能满足生产、生活和消防用水的要求,而供水压力不能满足消防用水压力时,应和当地消防及市政部门协商设消防泵和稳压装置,不设消防水池。

③当城市自来水的供水量和供水压力能满足生产和生活用水,而不能满足消防用水量要求时,则应设消防泵、稳压装置和消防水池。

④如设自动喷水灭火系统时,应采用独立的给水系统,不应和生产、生活及消火栓给水系统共用。

(2) 排水系统

城市轨道交通工程排水系统采用分流制,分为污水、废水、雨水系统。原则上采用分类集中,经泵提升至压力窨井后,就近排入市政下水道。污水需设置污水检测井。排水水质必须符合有关排放标准。排水系统分为车站排水和区间排水。

(3) 水消防

轨道交通水消防系统主要分为两部分:消火栓灭火系统,水喷淋灭火系统。消火栓在轨道交通地面、地下和高架都是主要的消防灭火设备,系统由消防给水设备即消火栓部分(包括水枪、水带、消火栓、消防管道、消防水池、高位水箱、水泵、接合器及增压水泵等)和电控部分(包括启泵按钮、防灾报警器启泵装置及消防控制柜等)组成。为保证喷水枪在灭火时具有足够的水压,需要采用加压设备。常用的加压设备有两种:消防水泵和稳压给水装置。按消防要求,每个车站消防栓系统一般有两台消防泵,安装在车站的消防泵房内,在日常运行时,其中一台设置于自动位置,另一台设置在备用位置。

地铁自动喷水灭火系统,是目前世界上应用最广泛的一种固定消防设备。从19世纪中叶至今已有100多年的历史,其最大的特点是价格低廉,灭火效率高。据美国、澳大利亚等国家统计,其灭火成功率在96%以上。自动喷水灭火系统的可靠工作,关键在于系统的自动控制要符合国家规范的要求,做到安全可靠。适用于温度不低于4℃(低于4℃受冻)和不高于70℃(高于70℃失控,误动作造成水灾)的场所。

查一查

1. 防淹门还有没有其他形式？试分析与本单元介绍的防淹门有什么不同？
2. 当列车在区间里发生火灾时，应该如何使用车站隧道通风系统？

练一练

1. 防淹门开门形式主要分为_____和_____两种。
2. 防淹门系统具备_____、_____、_____3级监视功能。
3. 通风系统由_____、_____、_____组成。
4. 通风系统设备采用3级控制，控制优先级从高到低依次为_____、_____、_____。
5. 城市轨道交通工程排水系统采用分流制，分为污水、废水、雨水系统，原则上采用_____，经泵提升至压力窨井后，就近排入市政下水道。
6. 车站值班人员取得_____授权后，到防淹门控制室操作就地控制柜上的开/关门按钮，打开或关闭防淹门。
7. 防淹门_____状态为信号系统的一个联锁条件，信号系统的_____信号为防淹门关门控制的一个联锁条件。
8. 通常情况下控制权限处于_____，以便在紧急情况下站务人员在车控室能够迅速关闭防淹门。

模块二 行车组织原则

本模块介绍了城市轨道交通行车组织基本原则、行车指挥层级、调度命令、行车作业基本制度、列车标志及车次的规定、行车闭塞法等。其中，各城市轨道交通运营企业的行车组织基本原则、行车作业基本制度基本相同；行车指挥层级、调度命令、列车车次、行车闭塞法等内容，由于不同城市轨道交通运营企业管理模式的差别，采用的信号系统等设备不同等情况，不同企业对相应的规定亦有不同。

 教学建议

1. 教学过程中尽可能对比不同地铁行车规章的规定，找出其不同之处，分析其原因。如指挥机构层级的设置不同，口头及书面调度命令发布情况的不同等。
2. 结合不同地铁信号系统的特点，了解列车车次的定义区别。
3. 了解不同地铁企业对所采用行车闭塞的不同定义，以信号系统如何实现为切入点，分析其异同。

单元一 行车组织基本原则、指挥层级、调度命令及其相关规定

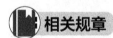 学习目标

1. 理解行车指挥层级的设置。
2. 熟知调度命令的发布情况及有关规定。
3. 学习列车编组及列车车次号的规定。

相关规章

一、基本原则

(1) 轨道交通运营的行车组织指挥工作，必须坚持安全第一、高效组织的生产方针，贯彻高度集中、统一指挥、逐级负责原则；各单位、各部门须紧密配合、协调动作，确保行车和乘客安全，完成各项工作任务。

(2)《列车运行图》(《运营时刻表》)是行车组织工作的基础。所有与列车运行的有关部门，必须按照《列车运行图》(《运营时刻表》)的要求，组织本部门的工作，以保证列车按图运行。《列车运行图》以分公司行政发文或值班主任调度命令的形式予以发布。

(3) 行车时间以北京时间为准，从零时起计算，实行 24 小时制。行车日期以零时为界，零时以前办妥的行车手续，零时以后仍视为有效。

(4) 正常情况下运营各线路正线均采用双线、右侧行车制。一般情况下南北向线路以由

南向北运行为上行方向,反之为下行;东西向线路以由西向东运行为上行方向,反之为下行;环状线路应以顺时针方向为上行方向,逆时针方向为下行方向。

(5)运营首末班车必须按《运营时刻表》规定时间开行,原则上首班车不允许晚发车,末班车不允许早发车。

(6)正常情况下,空电客车、工程车、救援列车及调试列车出入场均按列车办理。

(7)正线行车组织由行车调度员负责统一指挥;车场行车组织由车场调度员负责统一指挥。

(8)任何人员进入正线轨行区均须得到行车调度员同意;进入车场轨行区须得到车场调度员同意。

(9)正常情况下正线司机凭车载信号显示行车,按运营时刻表和DTI(发车表示器)显示时分掌握运行及停站时间。

(10)车场内行车时,以地面信号为主,对讲机、无线手持台或手信号旗/灯为辅。

(11)电客车在运行中司机应在前端驾驶;如推进运行时,应有监控人员在前端驾驶室引导和监控电客车运行。

(12)列车正晚点:比照《运营时刻表》,列车单程终到延误120s以下为正常,120s及以上为晚点。列车排队晚点时按统计要求如实统计。行车调度员应根据列车晚点情况及时采取措施,调整列车运行。

(13)专用调度台、无线调度台用于行车工作联系,须使用普通话和标准用语。数字标准发音(时间除外),见表2-1。

数字标准发音　　　　　　　　　　　　表2-1

1	2	3	4	5	6	7	8	9	0
yao	liang	san	si	wu	liu	guai	ba	jiu	dong
幺	两	三	四	五	六	拐	八	九	洞

知识链接

1. 列车运行图

列车运行图是利用坐标原理表示列车运行时间与空间关系的图解,是行车组织工作的基础。

2. 运营时刻表

运营时刻表以列车运行图为依据,表达各次列车在车站(含转换轨)到达、出发、通过、折返时刻及站停时间的表格。

3. 列车排队晚点

因前列车故障或其他特殊情况导致后续两列及以上列车晚点。

二、指挥层级

1. 指挥机构

指挥机构,如图2-1所示。

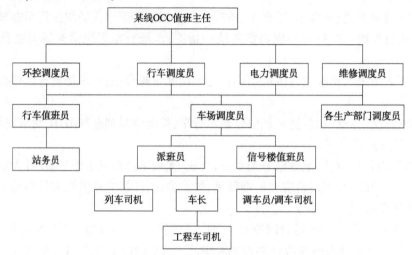

图2-1　行车组织指挥机构

(1)行车指挥分为一级、二级两个指挥层级;二级服从一级指挥。
(2)一级指挥为:行车调度员、电力调度员、环控调度员、维修调度员。
(3)二级指挥为:行车值班员、车场调度员、各生产部门调度员。
(4)各级指挥要根据各自职责任务自主开展工作,并服从OCC值班主任总体协调和指挥。

2. 运营控制中心OCC

OCC代表运营分公司总经理指挥运营工作,代表地铁公司与外界协调联络地铁运营支援工作。OCC是轨道交通日常运营行车组织、检修维修施工组织、设备运行监控、应急处置的调度指挥中心,是轨道交通运营信息收发中心。

(1)行车工作由行车调度员统一指挥。
(2)供电设备运作由电力调度员统一指挥。
(3)环控和防灾报警设备运作由环控调度员统一指挥。
(4)除车辆系统外运营生产性设施设备故障维修由维修调度员统一指挥。

3. 车辆段控制中心DCC

DCC是车场生产运作、车辆维修组织和作业的控制中心,设有车场调度员和检修调度员。

(1)车场调度员全面负责车场内行车组织、设备检修维修施工组织和突发事件先期应急处置,车场的运作组织工作由车场调度员统一指挥。
(2)检修调度员负责车辆日常检修、清洁、定修和临修工作控制,为地铁运营生产提供数量足够和工况良好的电客车和工程车。
(3)信号楼值班员负责车场微机联锁设备操作和监视列车场内运行,配合完成场内调车、电客车或工程车出回场、施工防护等日常工作。

(4)派班员负责安排司机的出/退勤作业,制订和组织实施司机的派班计划,遇突发事件及时调整交路,调配好司机的派班。

4.生产调度员

生产调度员代表部门经理行使部门的调度指挥权利,负责部门内有关设备运行维护、故障处理及事故抢修等工作的安排、协调。供电部、机电部、工务部、通号部、站务部、票务部设置生产调度员,而车辆部的调度工作由检修调度员、设备调度员负责,乘务部的调度工作由车场调度员负责。

5.车站

车站是乘客乘降的场所,设有站长、值班站长、值班员(行车值班员和客运值班员)和站务员。车站负责站内的行车、客运、票务和安全等工作,负责站内的运营事件的处理,落实、执行OCC的调度命令。

行车值班员负责车站的行车组织工作;负责操作车站信号设备,处理突发事件;控制车站广播,监视站厅、站台CCTV,掌握乘客动态。

6.OCC、DCC及车站的指挥工作关系

(1)值班主任是OCC运营组织的最高指挥者,各调度员由值班主任统一指挥和协调。在处理突发事件、事故时,各调度员有责任向值班主任提供本岗位的协助处理方案,并及时报告相关信息。

(2)车站由值班站长,车场由车场调度统一指挥。

(3)发生行车设备故障,故障发现人员应及时报告行车调度员或车场调度员,行车调度员或车场调度员及时通知相关生产调度。

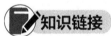

各地铁公司行车指挥机构中各指挥层级的岗位设置差异

各个地铁公司对于行车指挥机构中各指挥层级的岗位设置是有差异的。如某地铁行车组织规则中规定运营指挥机构的一级指挥为行车调度员、电力调度员、环控调度员和信息调度员;而有些地铁行车组织规则中规定一级指挥为行车调度员、电力调度员、环控调度员和维修调度员。两个地铁公司对维修调度员和信息调度员的岗位设置和职责分工是有区别的,维修调度员负责除车辆系统外运营生产性设施设备故障维修指挥;信息调度员负责运营生产信息的收发及处理。

再如,有的地铁将二级指挥设定为行车值班员、车辆段调度员、信号楼值班员、生产调度员;有的地铁将二级指挥设定为值班站长、车场调度员、各生产车间调度员。从行车指挥而言,行车值班员是车站行车组织工作的直接指挥者和责任人,因此,现多数地铁公司将行车值班员设定为二级指挥。

三、调度命令

1.调度命令的发布情况

调度命令是行车调度员在组织指挥日常运输工作中对有关部门和人员所发布的有关完

成日常运输生产的具体部署和指挥行车工作的指令。调度命令分为口头命令和书面命令，行车调度需发布调度命令的情况如下：

(1)行车调度发布口头命令的情况：

①列车临时加开、改开、抽线、退出服务、清客、救援、区间疏散等。

②列车推进运行、退行、小交路、反方向运行、单线双向运行。

③列车越站、扣车、早发，排空列车临时停站，单次列车临时限速及取消限速。

④改变行车闭塞法、列车驾驶模式、列车运行进路。

⑤授权列车越信号机红灯、灭灯、引导信号。

⑥授权或命令现场操作行车设备。

⑦列车区间放人、带人。

⑧与行车设备故障处理或抢修组织相关的指令。

⑨其他需要发布的行车相关指令。

(2)行车调度发布书面命令的情况：

①线路限速/取消限速(限速时间24小时及以上)。

②线路封锁/解封。

③从车场加开工程车/调试车。

④行车调度员认为有必要记录的命令。

2.调度命令发布程序

(1)详细了解现场情况，拟好调度命令。

(2)书面调度命令经另一名行车调度员确认，并交值班主任审核。

(3)呼叫受令处所，记录各受令人员名单，指定人员逐句复诵，发布调度命令号码、内容。

(4)复诵人通篇复诵一遍，其他人核对。

(5)调度员确认复诵正确后，给出发令时间、调度员代码。

(6)书面命令要进行登记、记录。

3.调度命令的要求

(1)行车有关人员必须服从行车调度员指挥，执行行车调度员命令。

(2)指挥列车正线、辅助线运行的命令和口头指令，只能由行车调度员发布；车场内不影响正线运行及接发列车的命令可由车场调度发布。发布命令前应详细了解现场情况，听取有关人员意见。

(3)受令人必须严格执行调度命令，不得无故推诿。当受令人发现调度命令错误或存在疑义时，必须及时向发令人反馈，双方确认无误后再执行。有分歧时，在确保安全的前提下，先按调度命令执行。

(4)书面命令，车场内电客车及工程车司机由派班员负责传达，其他岗位由行车调度负责传达；正线的司机、队长由车站值班站长/行车值班员负责传达。车站或车场传达给司机或其他有关人员的书面命令应盖有车站(车场)行车专用章。

(5)命令发布时，受令人必须复诵命令内容；同时向2个及以上受令人发布命令时，应指定其中一人复诵，其他人核对，确保无误。

(6)已经发布的书面调度命令因故需要取消时，原则上通过书面调度命令方式取消。

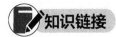

知识链接

1. 名词术语

(1) 口头命令。一般为对单个受令对象(一般为列车司机)直接发布的短期性指令。

(2) 书面命令。一般至少有两个受令对象有时还需送达司机,较长时间影响行车的命令一般为书面命令。书面调度命令样式,如图 2-2 所示。

调 度 命 令

_____年_____月_____日_____时_____分

受令处所		命令号码	调度员代码
命令内容			

行车专用章_____　　　　车站值班员/车场调度员_____

图 2-2　调度命令

(3) 口头通知。在日常行车调度员调整指挥时,行车调度员以口头通知下达,口头通知无须给命令号码,只下达通知内容及受通知人。

2. 调度命令号码的编制

调度命令号码的编制应按不同工种分别编号,行车调度命令号码按日循环,其他工种调度命令号码按月循环。调度命令号码按递增顺序循环使用,每一循环不得漏号、跳号、重号使用。调度命令日期的划分,以 0:00 为界。各级调度命令的保存期限一般为 1 年。而不同地铁公司对不同工种的调度命令号码分配也是有所差异的。

如石家庄地铁调度命令号码分配为:

值班主任:101——199

行车调度员:201——299

电力调度员:倒闸命令 601——699

　　　　　　工作票作业令 701——799

环控调度员:801——899

苏州地铁调度命令号码分配为:

值班调度长:101——199

行车调度员:201——299

车辆段调度员:301——399

电力调度员:变电所倒闸命令 401——499

　　　　　　接触网倒闸命令 501——599

　　　　　　工作票作业令 601——699

环控调度员:701——799

四、行车作业基本制度

1. 行车作业标准化制度

行车用语必须使用普通话。为便于传达和理解,行车用语须遵循简洁、明确、完整的原则,内容及格式应标准化。正常及非正常情况下行车相关作业应标准化、流程化,除体现作业内容和程序外,还应体现岗位间协作及安全互控。

2. 岗位间联控制度

(1)行车作业过程,有关岗位应进行安全联控,确保作业安全。有关部门应制定行车岗位间联控作业标准,并督促执行。

(2)呼唤应答是通过呼叫方与应答方一呼一应的方式来确保呼应对象准确无误及需要传递指令或信息正确到位的用语联控制度。行车岗位之间通话呼叫、调度命令或行车指令发布、信息确认与传递、执行调车计划等行车作业必须执行呼唤应答制度。

(3)大客流车站接发列车、曲线站台接发列车、车站配合司机开关站台门、电客车清客等情况车站相关岗位应与司机进行安全联控。

3. "手指口呼""自确认或双人确认"制度

各行车岗位进行关键作业时,都必须执行"手指口呼""自确认"制度,必要时应执行"双人确认"制度。各部门应制定相关行车岗位作业或操作"手指口呼""自确认或双人确认"的适用范围及执行标准。

五、列车标志及车次规定

1. 列车标志规定

(1)电客车标志:××轨道交通徽记、车辆编号及标志灯等。

电客车标志灯在正常行驶过程中车头应亮 2 盏白色灯光,车尾应亮 2 盏红色灯光。遇标志灯单个故障时应保证车头及车尾各有一盏灯光正常显示;遇车头灯或车尾灯全部故障时,必须使用手提信号灯或反光牌予以代替。

(2)工程车尾部必须挂有标志灯。当工程车按首尾机车编组时,应使用首端机车驾驶,当首端机车故障而使用尾端机车驾驶时,按推进运行办理。

2. 列车车次规定

电客车车次号由目的地号、服务号、旅程号组成。其中,目的地号表示列车运行的终点及折返方式;服务号为本次上线列车的类型和列车当日唯一的编号;旅程号表示本次列车在线运行的顺序,其中个位偶数为上行,奇数为下行,由小到大顺序编号。

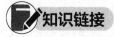知识链接

由于我国各地铁公司对列车车次的规定差异较大,在此列举几个地铁公司对列车车次的规定以供参考:

1. 青岛地铁列车车次的规定

电客车识别号由9位数组成,为"目的地号(3位)+表号(2位)+方向号(1位)+

序列号(3位)"。其中,目的地号表示列车运行的终点;表号用于对正线列车的辨认,有效范围为01~99;方向号1表示下行方向列车,2表示上行方向列车;序列号按列车类型及运行顺序编制,有效范围为001~999。在行车组织中,用电客车识别号中的方向号(1位)+序列号(3位)表示电客车车次。

其他列车车次号组成:工程车为501~519;调试列车为601~650;救援列车为801~819;专列为9001~9019。

2. 石家庄地铁列车车次的规定

电客车车次号由8位数组成,前3位为目的地号,中间3位为服务号,后2位为行程号。行程号个位奇数为下行,偶数为上行,顺序编号。在列车运行图、《运营时刻表》及日常行车工作中,使用"服务号+行程号"5位车次号。

其中,不同性质列车的服务号均由3位数组成,具体划分如下:

客运列车服务号为001~099;

空客车服务号为101~199;

临时加开列车服务号为201~249;

调试列车服务号为301~339;

专列开行服务号为801~809。

工程列车、救援列车车次均为3位数。工程列车车次编号为401~419;救援列车车次编号为901~909。

3. 合肥地铁列车车次的规定

(1) 计划列车车次规定

计划列车车次号由字母和数字组成,共7位。左边两位为目的地码(字母),中间一位为服务类型码(数字),右边四位前两位表示班次号(数字,范围为01~99),后两位表示行程号(数字,范围为01~99,其中上行为偶数,下行为奇数)。其中,列车服务类型码为1表示站后折返,3表示目的地为存车线,5表示站前折返。

(2) 非计划列车车次规定

规定上线运行的非计划列车由行车调度员根据实际情况决定是否需要分配ATS运行线,但都须赋予相应的列车车次号。列车车次以每天6时为界,循环使用,在当日06:00~次日06:00期间,不得使用同一车次。

①分配了ATS运行线的非计划列车车次号由字母和数字组成,共7位。左边两位为目的地码(字母),中间一位为服务类型码(数字),右边四位前两位表示班次号(数字,且固定为00),后两位表示列车类别号(数字)。

②未分配ATS运行线的非计划列车车次号由4位数字组成,前两位表示班次号(数字,且固定为00),后两位表示列车类别号(数字)。

非计划列车的列车类别号划分:专用列车为01~09;排空列车为10~29;工程列车为30~39;救援列车为40~49;调试列车为50~69;临时加开列车为70~99。

查一查

1. 口头调度命令、书面调度命令和口头通知的区别在哪里？
2. 口头命令和书面命令的发布程序有何不同？

练一练

1. 行车时间以北京时间为准，从_____起计算，实行_____小时制。
2. 行车指挥分为一级、二级两个指挥层级，一级指挥为_____、_____、_____、_____。
3. 正常情况下，空电客车、工程车、救援列车及调试列车出入场均按_____办理。
4. 任何人员进入正线轨行区均须得到_____同意，进入车场轨行区须得到_____同意。
5. 正常情况下正线司机凭_____显示行车，按运营时刻表和DTI（发车表示器）显示时分掌握运行及停站时间。
6. 工程列车尾部必须挂有_____。当工程车按首尾机车编组时，应使用首端机车驾驶，当首端机车故障而使用尾端机车驾驶时，按_____办理。
7. 电客车在运行中司机应在_____驾驶；如推进运行时，应有_____在前端驾驶室引导和监控电客车运行。
8. 运营生产信息的收发及处理由_____统一负责。
9. _____负责车辆日常检修、清洁、定修和临修工作控制，为地铁运营生产提供数量足够和工况良好的电客车和工程车。
10. _____负责安排司机的出/退勤作业，制订和组织实施司机的派班计划，遇突发事件及时调整交路，调配好司机的派班。
11. 电客列车标志包括_____、_____及_____等。
12. 行车有关人员必须服从_____指挥，执行行车调度员命令；司机对调度命令有疑问时，应核实清楚后再执行；有分歧时，在确保安全的前提下，先_____执行。
13. 行车作业的基本制度包括_____、_____、_____、_____。
14. 命令发布时，受令人必须复诵命令内容；同时向2个及以上受令人发布命令时，应_____复诵，其他人核对，确保无误。
15. 电客车车次号由_____、_____、_____组成。
16. 派班员负责安排司机的_____作业，制订和组织实施司机的_____计划，遇突发事件及时调整交路，调配好司机的派班。
17. _____是车场生产运作、车辆维修组织和作业的控制中心，设有车场调度和检修调度。
18. 列车正晚点：比照《运营时刻表》，列车单程终到延误_____时间以下为正常，_____时间及以上为晚点。

单元二　行车闭塞法

学习目标

1. 熟知基本行车闭塞法的种类及使用条件。
2. 熟知电话闭塞法的有关规定和办理流程。

相关规章

根据信号系统能够达到的控制级别,基本行车闭塞法按照由高到低的优先级别分为:移动闭塞法、自动闭塞法、站间闭塞法,原则上应优先采用高级别的行车闭塞法组织行车。当发生联锁故障时,采用电话闭塞法组织行车。

一、移动闭塞法(相关教学资源见二维码8)

(1)适用范围:信号系统移动闭塞控制级别功能正常时,根据移动闭塞信号系统原理自动控制列车运行。

二维码8

(2)闭塞区段:无固定的闭塞区段,列车运行闭塞区间的终端(移动授权)由前一列车在线路上的运行位置、运行状态等因素确定,随前列车位置变化而实时地发生改变,信号系统通过轨旁设备向后续列车发送移动授权信息,该移动授权点在运行线路上是连续的、实时变化的。

(3)行车凭证:车载信号显示。

(4)驾驶模式:AM 或 SM 模式。

二、自动闭塞法

自动闭塞法是当车地无线通信故障但点式设备完好时采用的一种闭塞方式;列车凭车载及地面信号显示运行,如遇车载信号与地面信号显示不符时,司机停车后报行车调度员,凭调度命令行车。

(1)适用范围:移动闭塞信号系统由连续式控制级别降为点式列车控制级别或车载无线设备故障时。

(2)闭塞区段:同方向两架相邻信号机间的区域。

(3)行车间隔:列车运行以一条进路进行空间分隔,一条进路内只允许一列车运行。

(4)行车凭证:地面及车载信号显示。

(5)驾驶模式:AM 或 SM 模式。

三、站间闭塞法

站间闭塞法是当一个及以上联锁控制区域的信号系统仅具备联锁功能时采用的一种闭塞方式,列车凭地面信号显示运行。司机需根据行车调度命令,在进(出)故障区段的两端站自行切除(恢复)ATP 运行。

(1)适用范围:当信号系统轨旁 ATP 设备故障且升级 ITC 失败、切除车载 ATP 的列车或者非装备列车(含工程车)运行时。

(2)闭塞区段:相邻两站出站信号机之间区域。

(3)行车间隔:列车运行以一个闭塞区段为行车间隔,一个闭塞区段内只允许一列车运行。

(4)行车凭证:地面信号显示。

(5)驾驶模式:NRM 模式。

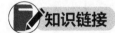知识链接

1.名词术语

(1)行车闭塞法:通过闭塞使列车与列车相互间保持一定间隔,以保证列车安全运行的行车方法,称为行车闭塞法。它是通过设备或人为控制,保证列车之间必须保持一定间隔距离运行的技术方法。

(2)联锁模式:具备联锁但不具备车载 ATP 功能的模式称为联锁模式。该模式列车控制完全由司机根据地面信号机显示人工驾驶。

(3)计轴区段:由两个相邻计轴设备划定的轨道区段,在信号系统后备模式(点式列车控制、联锁列车控制)下可根据其占用状态确定列车在信号系统内的运行位置。

(4)行车凭证:列车进入闭塞区域的凭据称为行车凭证。

(5)按照调车方式办理:即指列车有目的地由一条线路转到另一条线路时,车站不能直接向接车的车站办理行车闭塞手续情况下所采取的一种行车组织办法。

2.进路闭塞法和区段闭塞法

在有些地铁运营中,将行车闭塞法按照由高到低的优先级别分为:移动闭塞法、进路闭塞法、区段闭塞法、电话闭塞法。

其中,进路闭塞法是指信号系统具备点式 ATP 功能,列车凭地面信号运行,一条进路内(仅指相邻两个同向信号机间的空间)只允许一列车占用的行车闭塞方法,此种闭塞法对应上述内容中的自动闭塞法;区段闭塞法是指将列车运行划分为若干个固定的区段(通常为出站信号机到下一个出站信号机),列车进入区段及在区段内均按地面信号显示行车,一个区段内只允许一列车占用的行车闭塞方法,此种闭塞法对应上述内容中的站间闭塞法。

四、电话闭塞法

电话闭塞法是基本行车闭塞法无法使用时的代用闭塞法,车站之间以电话记录号码作为确认闭塞分区空闲的凭证,利用路票作为占用区间的行车凭证。它是以车站站务员(或指定胜任人员)的发车手信号作为发车凭证的一种人工办理闭塞的方式。

(1)适用范围:当联锁区联锁设备故障时;中央及车站工作站上均无法对线路运行车辆进行监控时;正线与车场信号接口故障时(包括联锁故障);根据现场情况需要采用电话闭塞

法组织行车时(单个设备故障原则上不采用电话闭塞法组织行车),由OCC值班主任决定采用电话闭塞法组织行车。

(2)电话闭塞法的闭塞车站。全线信号联锁故障时所有车站均为闭塞车站,局部信号联锁故障时故障区段所有车站及两端相邻车站(或车场)为闭塞车站。

(3)电话闭塞法的闭塞分区。正线闭塞分区为发车站前方一个区间及一个站台;出段时的闭塞分区为车场的发车股道至车场接口站的接车股道;进段时的闭塞分区为车场接口站的出站信号机至车场的接车股道。

(4)电话闭塞法进路办理的规定。故障区段内相关车站人工办理列车进路,道岔优先使用信号系统本地工作站锁定,当本地工作站无法锁定时,由车站(车场)人员现场确认进路正确后使用钩锁器锁定,非折返道岔必须使用钩锁器并加锁,折返道岔使用钩锁器只挂不锁。

(5)驾驶模式的规定。电话闭塞区域内电客车采用非限制人工驾驶模式运行,列车进入第一个闭塞车站及离开最后一个闭塞车站,司机自行进行模式切换。

(6)发车凭证:路票及发车手信号。

(7)电话闭塞法列车折返规定。折返方式由行车调度员指定,站后折返时按调车方式办理。车站人员、司机确认道岔位置正确及线路安全后,列车凭车站人员道岔开通信号折返,动车前鸣笛且限速15km/h运行。

(8)报点规定。闭塞车站之间及车场接口站与车场之间互报列车到、发点,行车调度员指定的报点站须及时向行车调度员报列车到、发点。

(9)取消闭塞的办理规定:

①在已办理列车闭塞后,因故不能接车或发车,由提出车站发出的电话记录号码作为取消闭塞的依据。

②列车出发后中途退回发车站时,由原发车站发出电话记录号码作为取消闭塞依据。

(10)路票的规定:

①采用电话闭塞法组织行车时,列车占用区间的凭证为路票。填写内容包括车次、电话记录号、区间、行车专用章、行车值班员签名、日期,如图2-3所示。

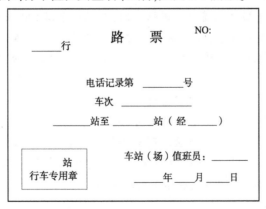

注:白底黑字(黄/蓝色边框),规格65×95mm、框宽3mm。
反向运行时路票左上角加盖"反方向运行"专用章。

图2-3 路票

②向首次采用电话闭塞法组织行车的闭塞分区开行列车,车站须在路票左上角加盖"首列限速25km/h"图章。

③列车反向运行时须在路票左上角加盖"反方向运行"专用章。

④路票应先收再给,路票由车站人员在司机立岗处回收及给出。收回的路票在正面对角线划"×"注销。

⑤列车需经存车线通过时,须在路票上标明"经××"。

⑥路票不得涂改,填写有误时应在路票正面对角线划"×"作废并重新按规定填写。

(11)电话记录号码使用规定:

电话记录号码自每日0时起至24时止,按日循环编号,不得重复使用。电话记录号编号办法为车站(车场)编号加顺序号。车站(车场)具体编号根据各地铁公司行车组织细则明确;自采用电话闭塞法时起,至取消本次电话闭塞法时止,顺序号01~99依次循环使用。其中,上行方向为偶数(自02开始),下行方向为奇数(自01开始)。

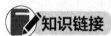
知识链接

电话闭塞法办理流程

1. 启动准备阶段

(1)确认信号联锁故障时,行车调度员将故障情况通知相关车站(车辆段)、全线司机,令故障区段内列车立即停车待命,并命令故障区段内有岔车站组织人员做好下线路人工准备进路的准备。相关行车人员在确认故障及后续处理过程中禁止利用信号设备操作道岔。

(2)列车被迫停车后,司机应及时向行车调度员报告列车位置。同时,行车调度员负责对正线故障区段内所有列车进行定位,确认列车位置和数量。

(3)行车调度员掌握正线故障区段内所有列车位置后,若列车停在岔道上,司机以不超过5km/h速度越过岔区停车待命。

(4)若列车前方进路上无道岔且进路空闲,组织列车以RM模式运行到前方站台待令,否则先要求列车原地待令,通知相关车站将道岔钩锁在进路要求的位置(如道岔开通位置不符合,需手摇道岔至要求位置后再行钩锁)后,再组织列车以RM模式运行到前方站台待令。

(5)司机应时刻关注前方进路安全情况,列车在站台停稳后司机及时向行车调度员报告,行车调度员和行车值班员复核确认列车位置。

(6)行车调度员确认正线故障区段列车均停于站台后,向相关车站(车辆段)、全线司机发布采用电话闭塞法组织行车的调度命令。司机根据行车调度员命令,在进(出)电话闭塞区段的两端站自行切除(恢复)ATP运行。

2. 正线接发列车

(1)请求闭塞:发车站确认待办理闭塞的区段空闲、发车进路准备妥当、人员到达安全位置后向接车站请求闭塞。

(2)同意闭塞：接车站确认待办理的闭塞区段空闲、接车进路准备妥当、人员到达安全位置后，方可同意闭塞并给出电话记录号。

(3)办理发车：发车站取得接车站同意闭塞的电话记录号后填写路票，核对无误后与司机交接。司机接到路票且核对无误后关门，凭车站的发车手信号动车。

(4)回收路票：列车到达后，车站人员向司机收回路票并即时打"X"处理。

(5)取消闭塞：列车发车前，车站因故需取消已办妥的电话闭塞手续时，应确认停止交付路票或收回已交付路票，由提出方给予电话记录号作为取消闭塞的依据。

3.终止电话闭塞法阶段

(1)通号中心确认实施电话闭塞法组织行车区段信号故障已修复，具备恢复移动闭塞行车条件，报OCC信息调度，由维修调度员告知行车调度员。

(2)行车调度员发布终止电话闭塞法的调度命令，应先向车站(车场)发令，发令完毕后再向司机发令。

(3)车站(车场)接到取消命令后，停止办理闭塞，若列车已在区间运行，司机凭路票继续运行至下一站后恢复正常行车；若未给出发车手信号，车站(车场)人员应收回路票，并通知司机恢复正常行车。

查一查

1.什么是闭塞？闭塞有哪几种？各有什么特点？
2.电话闭塞法中车场与接口车站之间如何办理接发列车？

练一练

1.根据信号系统能够达到的控制级别，行车闭塞法按照由高到低的优先级别分为：_____、_____、_____、_____，原则上应优先采用_____的行车闭塞法组织行车。

2.下线路人工办理进路时由车站(车场)人员现场确认进路正确后使用钩锁器锁定，非折返道岔必须使用钩锁器并加锁，折返道岔使用钩锁器_____。

3.移动闭塞法行车凭证为_____。驾驶模式为_____模式。

4.电话闭塞法列车折返方式由_____指定，站后折返时按_____办理。车站人员、司机确认道岔位置正确及线路安全后，列车凭车站人员道岔开通信号折返，动车前鸣笛且限速_____运行。

5._____是当车地无线通信故障但点式设备完好时采用的一种闭塞方式，列车_____运行。

6.站间闭塞法的闭塞区段为_____区域；驾驶模式为_____模式。

7.电话闭塞法是车站之间以_____作为确认闭塞分区空闲的凭证，利用_____作为占用区间的行车凭证，以车站站务员(或指定胜任人员)的_____作为发车凭证的一种人工办理闭塞的方式。

8.局部信号联锁故障启用电话闭塞法时_____为闭塞车站。

9. 电话闭塞区域内电客车采用_____模式运行,列车进入第一个闭塞车站及离开最后一个闭塞车站,司机自行进行模式切换。

10. 电话记录号码自每日 0 时起至 24 时止,按_____编号,不得重复使用。电话记录号编号办法为_____编号加顺序号。顺序号 01~99 依次循环使用,其中上行方向为_____,下行方向为_____。

11. 电话闭塞法中在已办理列车闭塞后,因故不能接车或发车,由_____发出的电话记录号码作为取消闭塞的依据。

模块三　正常情况下的行车组织

本模块介绍了城市轨道交通正常情况下行车组织办理进路的基本原则、办理及取消进路的规定、正常情况下列车驾驶的规定及正常情况下正线及辅助线行车组织的基本规定和基本技能。

教学建议

进行信号设备操作实训、列车驾驶实训、正常情况下行车组织模拟综合演练等实训，在实际运用中，严格落实、执行规章的要求。严格按章作业、标准化作业，养成良好的职业习惯。

单元一　办 理 进 路

学习目标

1. 熟知进路办理方式及办理原则。
2. 熟知办理进路与取消进路的相关规定。
3. 学会用不同方式办理进路的方法。
4. 能够掌握不同行车闭塞法组织行车时进路的办理方式。
5. 学会人工现场办理进路。

相关规章

一、办理进路的方式

办理进路按照优先级别由高到低，分为通过信号系统自动排列进路、人工通过信号系统办理进路、人工现场办理进路三种方式。相关教学资源见二维码9。

二、办理进路的基本原则

(1)优先使用级别高的方式办理进路。
(2)人工通过信号系统办理进路或人工现场办理进路时，必须以列车为参照物按照"由远及近"顺序进行进路排列或道岔操作。
(3)道岔故障情况下，应优先考虑使用变更进路组织行车。

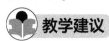

二维码9

三、人工排列进路的规定

(1)通过信号系统人工办理进路分为排列进路、电子锁定道岔两种方法。两种方法可同时使用,也可单独使用。

(2)若单独使用某一种方法时,应优先使用排列进路的方法办理进路,为现场提供信号防护。

(3)使用电子锁定道岔方法办理进路时,必须确认进路上所有道岔位置正确并单独锁定。

(4)排列进路前,操作者须认真核对相关行车计划,确认满足行车间隔要求及进路排列联锁条件。

(5)办理进路时,操作者应严格执行"手指口呼""自确认或双确认制度"。

(6)进路办理完毕,操作者必须确认进路与计划要求一致,所有进路元素状态显示正确。

四、人工现场办理进路的规定

(1)人工现场办理进路时,应将位置不符合进路要求的道岔手摇到正确位置;进路上的所有道岔都必须使用钩锁器,非折返道岔应加锁并锁死,折返道岔只挂锁但不锁死。

(2)手摇道岔操作流程(手摇道岔六部曲):

①一看:看道岔开通位置是否正确,是否需要改变位置,是否有钩锁器;尖轨空隙是否有异物。

②二开:断开转辙机电源,打开盖孔板及钩锁器的锁,拆下钩锁器。

③三摇:手摇道岔转向所需的位置,在听到"咔嚓"的落槽声后停止。

④四确认:和另一人共同确认道岔位置及尖轨密贴情况。

⑤五加锁:在确认道岔位置开通正确后,用钩锁器锁定道岔尖轨。

⑥六汇报:汇报进路准备完毕情况。

五、各行车闭塞法进路办理规定

(1)采用移动闭塞法、自动闭塞法组织行车时,通过信号系统自动排列进路;也可由行车调度员或授权车站行车值班员通过信号系统人工排列进路。

(2)采用站间闭塞法组织行车时,由行车调度员或授权车站行车值班员通过信号系统人工排列进路,操作者应确认区段空闲后一次性完整排列区段内的所有进路。

(3)采用电话闭塞法组织行车时,若信号系统功能正常或信号设备故障但道岔表示正常且能够单独锁定,由车站行车值班员人工通过信号系统办理进路,否则由故障区域内相关车站人工现场办理进路。

六、取消进路的规定

(1)取消列车进路时,若列车距离待取消进路始端信号机大于或等于一个区间时,可直接取消该进路;否则应先通知司机停车待令,然后再取消进路。

(2)需紧急取消进路或关闭信号时,操作者应在操作完成后立即通知司机停车。

(3)电话闭塞法/电话联系法组织行车时,若需要取消接发车进路,应在列车动车前收回行车凭证。

(4)取消调车进路前,操作者须先通知司机在指定地点待令,确认列车停稳或未动车后方可取消进路。

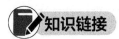 知识链接

1. 进路排列完成而信号未正常开放的处理方法

进路排列完毕但信号未开放时,应先尝试信号重开,若不成功则尝试开放引导信号,若还不成功,组织列车越红灯通过。

2. 车站人工现场办理进路的知识补充

(1)行车值班员通知值班站长做好人工现场办理进路准备,并通知站台岗,做好开启端门的准备。

(2)值班站长在接到行车值班员通知后,立即回车控室,了解作业计划后,携带相关工具、物品,并指派一名胜任的站务员一同前往指定地点待令。

(3)值班站长与站务员到达待令地点(对应线路的落轨梯)后报告行车值班员。

(4)行车值班员明确所需办理的进路后,向值班站长发布作业指令。

(5)值班站长接到指令后,立即进入轨行区,设置防护后,按照"手摇道岔操作流程"办理进路。

(6)值班站长办理完进路后,应及时出清线路或到安全区域进行避让,完成出清或避让后报告行车值班员。

3. 车场人工现场办理进路的知识补充

(1)车场调度员安排一名信号楼值班员到现场负责手摇道岔操作,一名信号楼值班员在信号楼负责办理行车手续;如需钩锁多副道岔时,车场调度员可安排乘务派班室派出工程车司机配合。

(2)车场调度员根据需要,携带钩锁器、手摇把、道岔转辙机钥匙、防护信号灯(旗)等赶到现场。

(3)现场的信号楼值班员(工程车司机)负责手摇道岔操作;车场调度员负责确认进路正确及进行现场防护。

(4)进路办理完成后,车场调度员与留在信号楼的信号楼值班员联系办理发车手续。

(5)需卸下钩锁器时,由现场的信号楼值班员负责操作;车场调度员负责确认及进行现场防护。

4. 人工现场办理进路时应携带的备品

下线路去准备的备品有:手摇把、断电钥匙、钩锁器、扳手、钩锁器挂锁及钥匙、信号灯、红闪灯、手电、手台(400M、800M)、劳保用品(绝缘靴、安全帽、荧光衣、纱手套)。现场作业人员携带相关工具及备品赶至作业地点,第一时间设置红闪灯防护(例如:某地铁规定在来车方向5m处设置一盏常亮的红闪灯进行防护)。

5. 发现尖轨与基本轨之间有异物时的处理

在人工现场办理进路过程中,若发现尖轨与基本轨之间有异物时,应用手摇把进行拨除;如道岔位置正确无须改变位置,直接进行"五加锁",无须断电。

6. 在摇道岔过程中听不到落槽声时的处理

手摇过程中如发现转辙机长时间听不到"咔嚓"声,应停止摇动,并查看尖轨与基本轨之间是否夹有异物,如有异物,应反向摇动后将异物取出;如无异物,应及时往反方向摇动一定位置(尖轨与基本轨分离)后再次尝试摇到位。如尝试两次后仍无落槽声,立即报车控室,按车控室要求执行。双人摇动道岔过程中,应尽量保持同步。

7. 钩锁器的钩锁位置

"手指口呼"过程应低岗在前,高岗在后。"五加锁"过程中钩锁位置为尖轨后第二、三枕木之间。

查一查

1. 人工现场办理进路的作业标准是怎么规定的?
2. 简述"手摇道岔六部曲"操作过程。

练一练

一、填空题

1. 办理进路的方式:进路办理按照优先级别由高到低分为:_____、_____、人工现场办理进路三种方式。

2. 人工通过信号系统办理进路或人工现场办理进路时,须以列车为参照物按_____顺序进行进路排列或道岔操作。

3. 通过信号系统人工办理进路分为_____、_____两种方法。

4. 人工现场办理进路时,应将位置不符合进路要求的道岔手摇到正确位置;进路上的所有道岔都必须使用钩锁器,非折返道岔应_____,折返道岔_____。

5. 移动闭塞法、自动闭塞法组织行车时,通过信号系统自动排列进路,也可由_____通过信号系统人工排列进路。

6. 在人工现场办理进路过程中若发现尖轨与基本轨之间有异物应用_____进行拨除;如道岔位置正确无须改变位置,直接进行"五加锁",无须断电。

7. 道岔故障情况下,应优先考虑使用_____组织行车。

二、选择题

1. 以下哪项不是人工现场办理进路时需要的备品?(　　)
　　A. 手摇把　　B. 红闪灯　　C. 绝缘手套　　D. 信号灯

2. 人工准备进路过程中,钩锁器应加第几根枕木之间?(　　)
　　A. 一、二　　B. 二、三　　C. 三、四　　D. 四、五

三、判断题

1. 在人工现场办理进路过程中,若发现尖轨与基本轨之间有异物应用手拿出。(　　)

2. "手指口呼"过程应低岗在前,高岗在后。(　　)

3. 取消列车进路时,若列车距离待取消进路始端信号机小于等于一个区间时,可直接取

消该进路;否则应先通知司机停车待令,然后再取消进路。（　　）

4.人工通过信号系统办理进路或人工现场办理进路时,必须以列车为参照物按照"由远及近"顺序进行的进路排列或道岔操作。（　　）

5.人工现场办理进路的通常是值班站长与值班员各一名,值班员为值班站长指定胜任人员。（　　）

单元二　列车驾驶

学习目标

1.熟知电客车司机在驾驶列车运行时的相关规定。
2.熟知列车有哪几种驾驶模式以及不同驾驶模式之间转换的规定。
3.掌握列车运行过程中出现突发故障时司机的处置要求。

相关规章

一、列车驾驶的基本规定

(1)司机负责驾驶列车在正线、辅助线、车场线内安全运行。

(2)司机应遵守运作命令及《运营时刻表》要求,严格执行行车调度员命令,按信号显示要求行车,严禁臆测行车。

(3)司机应熟悉线路、信号、股道、道岔状况和各项限速规定。

(4)司机出勤前应准确掌握调度命令、值乘计划及当日行车安全注意事项,了解车辆、线路技术状况,并做好行车预想。

(5)司机出勤时应按规定着装,携带必备行车物品,按时到指定地点办理出勤手续。

(6)司机在驾驶作业过程中,应做到:

①精神集中,加强瞭望,注意观察仪表、指示灯、显示屏的显示和线路状态。

②严格执行各项作业标准,"手指口呼"自确认应做到内容完整、时机准确、动作标准、声音清晰,必要时与相关岗位做好联控。

③接到调度命令时,应逐句复诵,确认无误后认真执行;对调度命令有疑问时,应核实清楚后再认真执行。

④当列车在车站临时停车或扣车超过2分钟时,司机应及时与行车调度员联系(电话闭塞/联系法组织行车时除外)。

⑤当车组发生故障时,应按故障处理指南及有关规定及时有效处理。

(7)司机在突发事件应急处置中,应做到:

①快速反应,按照规章制度、应急预案有关规定及时进行先期处置。

②当发现异物侵限、区间有人、隧道泄漏、线路异常等影响车组通行的情况时,司机应果断采取紧急停车措施;当发生列车火灾、列车爆炸、接触网失电等情况时,司机应尽可能驾驶车组维持进站。

③及时准确向调度指挥人员报告现场情况及影响,不谎报、不瞒报。

④当遇火灾、爆炸、毒气袭击等危及乘客及自身安全的情况时,司机须坚守岗位,按应急预案要求完成应急处置。需要紧急疏散时,必须先完成乘客疏散再撤离。对于擅离职守的司机,应追究其法律责任。

⑤司机应根据事件类型及影响做好乘客安抚工作。

⑥行车指挥权在现场时,应服从现场指挥人员的指令。

(8)因现场确认或处理故障、火灾、乘客报警等情况需要,司机离开驾驶室之前,应做好防止列车溜车、误起动等安全措施;离开后应确认通道门关闭锁紧并向行车调度员报告。

(9)司机交接班时,应准确交接调度命令及相关注意事项。

(10)其他人员需登乘列车驾驶室时,司机应认真查验登乘凭证并做好记录。

(11)司机退勤时应交回行车物品,汇报运行及故障情况,确认下次出勤时间及地点。

二、电客车驾驶模式使用及转换规定

(1)电客车在正线运营时原则上优先采用级别较高的驾驶模式运行。

(2)改变行车闭塞法时,司机应从命令中涉及的起始车站及时选择匹配的预选模式。

(3)电客车司机改变驾驶模式时必须得到行车调度员授权,但下列情况除外:

①采用电话闭塞/联系法或按调车方式办理组织行车;

②救援列车连挂作业及推进运行;

③从限制人工驾驶模式转换为ATP监控下的人工驾驶模式或自动驾驶模式;

④欠标无异常自动对标;

⑤转换轨转换驾驶模式;

⑥紧急情况时自动驾驶模式转为ATP监控下的人工驾驶模式。

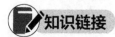
知识链接

---

1. 名词术语

欠标:列车对标时,未到达对位标提前停车,称为欠标。

冲标:列车对标时,越出对位标后停车,称为冲标。

2. 司机出勤时需要做的工作

司机出勤时按工装着装要求穿戴整齐,并带齐行车备品(司机包、规章文本、荧光衣、手电筒、电子手表)在电客车出库前40分钟到车场排班室,通过指纹或员工工号登录乘务派班系统出/退勤一体机进行出勤前测试;测试正常后打印《司机报单》,若无法登录或一体机故障则采用人工出/退勤作业。

查一查

1. 列车司机出勤作业时需要做哪些工作?

2. 不同驾驶模式转换时的相关规定是哪些?

练一练

一、填空题

1. 司机应遵守运作命令及_____要求,严格执行行车调度员命令,按_____要求行车,严禁臆测行车。
2. 电客车在正线运营时原则上优先采用_____的驾驶模式运行。
3. 电客车司机驾驶列车过程中"手指口呼""自确认"应做到内容完整、_____、_____、声音清晰,必要时与相关岗位做好联控。
4. 电客车司机接到调度命令时,应_____,确认无误后认真执行;对调度命令有疑问时,应_____后再认真执行。
5. 当发现异物侵限、区间有人、隧道泄漏、线路异常等影响车组通行的情况时,司机应果断采取_____措施。
6. 需要紧急疏散时,必须先完成_____再撤离。对于擅离职守的司机,应_____。
7. 因现场确认或处理故障、火灾、乘客报警等情况需要,司机离开驾驶室之前,应做好_____、误起动等安全措施。

二、判断题

1. 当发生列车火灾、列车爆炸、接触网失电等情况时,司机应尽果断采取紧急停车措施。( )
2. 接到调度命令时,应逐句复诵,确认无误后认真执行;对调度命令有疑问时,应核实清楚后再认真执行。( )
3. 电客车在正线运营时原则上优先采用 SM 驾驶模式运行。( )
4. 司机在突发事件应急处置中,应快速反应,按照规章制度、应急预案有关规定及时进行先期处置。( )
5. 其他人员需登乘列车驾驶室时,司机应认真查验登乘凭证无须记录。( )

单元三 正线及其辅助线行车组织

学习目标

1. 熟知车站运营前的检查工作内容。
2. 熟知施工区域内列车运行组织的规定。
3. 熟知车站的行车备品。
4. 具备车站接发列车作业的基本专业技能。

相关规章

一、运营前检查规定

(1)运营前30分钟,行车调度员应与各车站、车场核对当前时间、当日执行《运营时刻表》,核实电力调度员、环控调度员、各车站、各车场运营前检查情况;并在《运营前准备工作检查记录表》(见表3-1)中做好记录。

运营前准备工作检查记录表　　　　　表3-1

核对时间:___年___月___日___时___分

车站名	当值人员	人员到位情况	线路全部出清	联锁设备正常	屏蔽门正常	通信设备良好
当值车场调度员		运用车		车场接触网供电情况		
		备车		线路情况		
当值电力调度员		全线供电情况				
当值环控调度员		机电设备情况				

注:正常填写"√",检查中发现问题应在对应栏中简要描述问题及恢复时间等信息。

行车调度员1:　　　　　　行车调度员2:　　　　　　值班调度长:

(2)电力调度员应向行车调度员汇报接触轨供电情况;环控调度员应向行车调度员汇报环控机电设备运行情况。

(3)车站检查并向行车调度员汇报以下内容:

①正线及其辅助线施工区域是否出清,接触网是否带电,站台有无异物侵入限界。

②通信设备、屏蔽门/安全门、信号设备功能及状态是否满足运营行车要求;是否存在影响使用、影响行车或客运的故障情况。

③人员是否到位;行车备品是否齐备完好。

(4)车场检查并向行车调度员汇报以下内容:

①车组出回车场相关线路施工区域出清情况,接触网供电情况。

②通信、信号设备功能及状态是否满足行车要求;是否存在影响使用、影响行车的故障情况。

③人员是否到位;行车备品是否齐备完好。

④当日使用电客车、备用电客车安排及司机配备情况。

(5)各生产调度(设备车间调度)应确认本专业设备功能及状态满足运营要求,及时向OCC反馈影响行车或客运服务的故障情况。

二、压道

(1)运营前,须安排电客车压道,压道车采用人工驾驶。

(2)压道车为非载客列车,不停站通过。

(3)因特殊原因压道车无法正常压道时,可组织首班车前的不载客列车压道,并适当提高压道速度。

三、列车出回车场规定

(1)《运营时刻表》内列车的正常出回车场路径应在运作命令中明确规定;行车调度员可根据实际情况进行变更。

(2)上线运营列车及正线备车按照《运营时刻表》规定的时刻出回车场;加开列车按照行车调度员命令出回车场。

(3)出场列车运行至转换轨应一度停车,与行车调度员联系并进行通信测试,经行车调度员授权后凭信号显示运行至进出车场站。

(4)回场列车运行至转换轨应一度停车,经信号楼值班员(信号楼调度员)授权后凭信号显示运行回场。

四、列车正线运行中,行车相关岗位人员职责

(1)行车调度员应实时监视列车运行情况和行车设备状态,发生影响行车的情况及时人工介入。

(2)行车值班员应按照有关规定或行车调度员命令做好车站行车组织工作,监视列车接发,做好客运服务,发现危及行车安全的情况及时采取紧急停车措施。

(3)司机应按照列车驾驶有关规定及行车调度员命令驾驶列车安全正点运行;必要时与相关岗位做好联控,遇有信号显示不明或危及行车和人身安全时,立即采取减速或停车措施。

五、运营过程司机在车站的作业相关规定

(1)司机负责操纵列车,监视站台门和车门的开关状态;司机(车站)发现部分站台门未开启,应立即通知车站(司机)。

(2)到站停车打开车门、站台门后,司机在立岗处观察乘客上下车情况并按规定关门。当站台门、车门关好后,司机瞭望车门与站台门的缝隙无人(物)滞留后动车。

(3)列车在车站对标停稳后,司机应按规定立岗作业,原则上按发车指示器和运营时刻表掌握停站时间;载客列车在车站待令时,保持车门、站台门打开。

(4)当列车在某车站原计划不进行载客服务,但提前开门导致乘客上车时,原则上不清客;当越站或清客时,司机应及时广播通知乘客。

六、列车接发作业规定

(1)采用移动闭塞法、自动闭塞法行车时,由信号系统自动办理列车接发作业;行车调度员、行车值班员做好行车监视。

(2)采用站间闭塞法行车时,由行车调度员或授权相关联锁站/设备集中站办理列车接发作业。

(3) 采用电话闭塞法行车时，由相关车站办理列车接发车作业。
(4) 各种行车闭塞法的列车接发程序，见表3-2。

各种行车闭塞法的列车接发作业标准　　　　　　　　　　表3-2

程序	移动闭塞法	自动闭塞法	站间闭塞法	电话闭塞法	要求及注意事项
办理进路及闭塞	按照行车闭塞法有关规定办理列车运行进路，由信号系统自动实现闭塞			按照行车闭塞法有关规定办理列车运行进路，由相邻接发车闭塞车站人工办理闭塞	
信号开闭	地面信号不显示开闭，由信号系统不间断向车载信号设备发出移动授权	信号系统自动控制地面信号开闭，并且在列车进入进路前，自动向车载信号设备发出移动授权	信号系统自动控制地面信号开闭	—	采用移动闭塞法、自动闭塞法、站间闭塞法行车时，列车司机运行过程必须确认信号显示和进路安全，发现异常及时采取紧急措施并报告行车调度员
列车进站、停站（跳停）、出站	(1)电客车司机凭信号显示按规定驾驶列车运行，进站过程确认站台区域进路安全，列车对标停稳后开启双门，走出驾驶室在站台观察乘客乘降情况；根据DTI显示及《运营时刻表》规定的时间关闭双门，并确认无夹人夹物及缝隙安全后，返回驾驶室凭信号显示动车出站。(2)电客车若需跳停时，司机按信号显示或行车调度员命令执行，及时通过广播通知乘客			电客车司机凭路票按规定驾驶列车运行，进站过程确认站台区域进路安全，列车对标停稳后开启双门，走出驾驶室在站台观察乘客乘降情况；司机接到车站递交的路票且核对无误后关闭双门，并确认无夹人夹物及缝隙安全后，凭车站的发车手信号返回驾驶室动车出站	(1)列车司机站台作业详细程序，在各线路电客车司机手册中明确规定。(2)具备车门与屏蔽门/安全门联动功能时，由信号系统自动或由司机按压开关车门按钮发出开关门指令，联动开关屏蔽门/安全门；否则由站务人员操作PSL协助司机开关屏蔽门/安全门
车站接送列车	(1)车站值班站长/行车值班员准确掌握列车到发情况，及时播放相关广播，监视站台乘客候车秩序及站岗作业情况，确保站台安全。(2)站台岗要严格执行"接车三部曲"，接送列车；接车时，在紧急停车按钮处立岗；列车停稳后到楼梯/扶梯口立岗维持乘车秩序；双门关好到紧急停车按钮处立岗。(3)列车站后折返或回场时，站台岗需对列车进行清客，确认车厢无人后向司机显示"好了"信号				站务人员发现站台或屏蔽门异常，立即通知司机并及时处理，必要时采取紧急停车措施

(5)正线遇特殊情况需车站现场接发列车的规定：
①需要车站现场接发列车时，按行车调度员命令执行；
②现场接发列车时，应及时正确地向司机显示手信号。

七、列车折返作业规定

(1)正常情况下列车折返股道和折返方式在运营时刻表发布命令中规定；行车调度员可根据实际需要进行调度调整，并通知相关车站、司机。

(2)当需要列车从始发站排空发车时，行车调度员在折返前通知列车司机和车站，司机、车站组织列车只下客不上客。

(3)列车折返方式主要包括无人自动折返、人工 AM/SM 模式折返、人工 RM/NRM 模式折返、现场人工办理进路折返 4 种。

(4)正常情况下列车折返股道和折返方式在《运营时刻表》发布命令中规定；行车调度员可根据实际需要进行调度调整，并通知相关车站、司机。

(5)当采用电话闭塞法组织行车时，若车站同时具备站前、站后折返功能，则优先采用站前折返。

(6)当需要现场人工办理进路组织列车折返时，按以下程序执行：
①现场人工办理进路人员已就位且明确行车计划；
②行车值班员通知现场人员人工办理列车进折返线进路；
③现场人员按规定人工办理好进路后报告行车值班员；
④行车值班员使用无线电台通知司机，并安排现场人员显示发车手信号；
⑤司机凭发车手信号动车，运行到折返线停稳后报告行车值班员；
⑥行车值班员通知现场人员人工办理列车出折返线进路；
⑦现场人员按规定人工办理好进路后报告行车值班员；
⑧行车值班员使用无线电台通知司机，并安排现场人员显示发车手信号；
⑨司机凭发车手信号动车，运行到站台后报告行车值班员。

八、工程列车、调试列车开行规定

(1)工程车或调试车开行由行车调度员统一指挥，出场、回场按信号显示行车。

(2)工程车或调试车在出场前必须保证通讯畅通、技术状态良好。

(3)工程车或调试车在封锁作业区域前须人工准备一条完整、安全、可以往返运行的进路。

(4)开车作业区域同时包含正线及其辅助线、车场线时，行车调度员只封锁正线及其辅助线，工程车或调试车进入车场前应在转换轨一度停车并得到车场调度员的授权，进入正线及其辅助线封锁作业区域前应得到行车调度员的授权。

(5)施工封锁作业区域内列车运行组织
①封锁作业区域前，行车调度员或车站在封锁区域准备一条完整的进路并将进路上的道岔执行单独锁定。
②施工封锁作业区域内列车动车计划及要求，由施工负责人通过司机向行车调度员或

行车值班员提出。

③动车计划不涉及转线时,司机直接向车站请求进路(含往返运行),车站排列进路并单独锁定进路上的道岔,确认进路正确后通知司机;动车计划涉及转线时,司机向行车调度员申请进路,行车调度员或授权车站排列进路并单独锁定进路上的道岔,行车调度员与车站共同确认进路正确后通知司机。

④司机接到进路办理好的通知后,按照施工负责人指令动车配合施工,运行过程应沿途确认信号正常开放,需要越红灯时,由行车调度员确认安全后授权司机越过红灯信号机。

⑤工程车在正线原则上不允许解编,如必须进行解编作业,作业前须开专题施工协调会,并制订专项实施方案。

⑥工程车或调试车应在途经线路图定第一列电客车开行时间前30分钟出清(也有其他公司规定在开行前60分钟出清)。

⑦调试车无须封锁时按以上规定执行。

九、行车备品

(1)各车站应配备信号灯、信号旗、红闪灯、站台门钥匙、路票等行车备品;有岔站还应配备钩锁器及挂锁、手摇把、道岔转辙机钥匙等行车备品。特殊行车备品应在车站运作手册中予以明确规定。

(2)行车备品数量由车站根据实际需要确定,并定置管理,按需使用且做好记录。

(3)车站应对各类行车备品定期检查维护,确保状态良好。

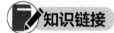知识链接

1. 名词术语

一度停车:指一切机车车辆运行至此时,需要停车;确认道岔和进路后,方可继续运行。

运营时刻表:列车在车站(车场)出发、到达(或通过)及折返时刻的集合。

DTI:发车表示器。

跳停:列车不停车经过车站的过程称为跳停。

接发列车作业:根据行车闭塞方式及技术设备条件,按照规定的程序办理正线列车进站、停站(跳停)、发车的过程,称为接发列车作业。

清客:是指列车在运行途中,由于某种原因不能将乘客送达目的地,中途要求所有乘客离开车厢的行为。

2. 电客车在转换轨处一度停车,司机的操作要求

列车在转换轨处一度停车,司机用车载台联系行车调度员,确认通话正常,并核实车次、驾驶模式、运行目的地等行车有关注意事项;得到行车调度员动车指令后,确认地面信号及车载信号符合动车条件后方可动车。

3. 车站对屏蔽门/安全门进行运营前检查

值班站长携带无线手持台、照明设备至站台,行车值班员利用IBP盘开关上(下)屏

蔽门/安全门两次,确认屏蔽门/安全门开关情况于 IBP 盘及综合监控显示是否相符。

值班站长通过 PSL 开关门两次,确认屏蔽门/安全门是否正常、门头灯及 PSL 灯显示是否正常,同时查看屏蔽门/安全门缝隙灯带有无异常;行车值班员确认屏蔽门/安全门开关情况与 IBP 盘及综合监控显示是否相符。

4. 站台岗接发列车的具体作业程序

本侧列车进站前 2 分钟,站台岗须在紧急停车按钮处面向屏蔽门/安全门立岗,注视列车进站至停稳;列车停稳后,向车控室报"上/下行列车到",关注车门、屏蔽门/安全门开启情况。

列车停站期间,站台岗背向安全门在楼扶梯口附近的滑动门旁立岗,做引导手势;列车关门提示音响起后,做拦截手势防止乘客抢上。

车门、屏蔽门/安全门关闭后,站台岗须在紧急停车按钮处面向安全门立岗,注视列车尾部出清站台端墙;列车出清站台后,向车控室报"上/下行列车出清"。

查一查

1. 正常情况下组织行车过程中车站需要填写哪些行车台账?
2. 车站运营前检查相关程序以及车站接发列车作业程序。

练一练

一、填空题

1. 各车站应配备_____、信号旗、_____、站台门钥匙、路票等行车备品;有岔站还应配备钩锁器及挂锁、手摇把、道岔转辙机钥匙等行车备品。特殊的行车备品应在_____中予以明确规定。

2. 车站应对各类行车备品_____,确保状态良好。

3. 出场列车运行至转换轨应_____,与行车调度员联系并进行通信测试,经行车调度员授权后凭_____运行至进出车场站。

4. 工程车或调试车开行由_____统一指挥,出场、回场按_____行车。

5. 开车作业区域同时包含正线及其辅助线、车场线时,行车调度员只封锁_____。

6. 采用移动闭塞法、自动闭塞法行车时,由_____自动办理列车接发作业,行车调度员、行车值班员做好行车监视。

7. 司机应按照列车驾驶有关规定及行车调度员命令驾驶列车_____,必要时与相关岗位做好联控,遇有信号显示不明或危及行车和人身安全时,立即采取_____。

二、选择题

1. 运营前( )分钟,行车调度员应与各车站、车场核对当前时间、当日执行《运营时刻表》。
   A. 20   B. 30   C. 40   D. 50

2. 设备管理人员或维修人员需操作车站 ATS 工作站时,应征得( )同意;并向行车调度员取得授权后,在不影响行车的情况下方可操作。

A. 行车值班员　　B. 值班站长　　C. 站长　　D. 行车调度员

3.采用(　　)行车时,由行车调度员或授权相关联锁站/设备集中站办理列车接发作业。

A. 自动闭塞法　　B. 移动闭塞法　　C. 站间闭塞法　　D. 电话闭塞法

三、判断题

1.清客是指列车在运行途中,由于某种原因不能将乘客送达目的地,中途要求所有乘客离开车站的行为。（　　）

2.司机接到进路办理好的通知后,按照行车调度员指令动车配合施工,运行过程应沿途确认信号正常开放;需要越红灯时,由行车调度员确认安全后授权司机越过红灯信号机。（　　）

3.正常情况下列车折返股道和折返方式在运营时刻表发布命令中规定,行车值班员可根据实际需要进行调度调整。（　　）

4.运营前60分钟,行车调度员应与各车站、车场核对当前时间、当日执行《运营时刻表》。（　　）

5.列车在正线运行中,行车调度员应实时监视列车运行情况和行车设备状态,发生影响行车的情况及时人工介入。（　　）

模块四　非正常情况下的行车组织

本模块介绍了非正常情况下列车运行调整的方式和应急情况下的行车方法、设备故障情况下的行车、电客车故障处理、清客、疏散的相关规定和特殊情况下的列车运行组织。

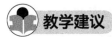

1. 要求学生熟记规章,理解并解释相关规章。
2. 编写各种非正常情况下应急处理方案并组织分组演练;在演练的过程中,要求严格按章作业,发现违章情况及时纠正并讨论。

单元一　列车运行调整

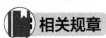

1. 熟知备用车的运用规定。
2. 熟知列车运行调整的扣车与放行、越站的相关规定。
3. 熟知列车对标不准的处理规定。

相关规章

一、备用车

(1) 运营期间,未与车场接口的正线终点站可就近安排电客车热备。与车场接口的终点站备用车可在车场热备。

(2) 车场有施工或其他情况影响备用车出场时,应及时组织备用车至正线待令。

(3) 正线需调整行车或替换故障列车时,行车调度员及时组织备用车上线。

(4) 原则上,正线备用车司机接到行车调度员命令后,须在 3 分钟内做好动车准备;车场调度员接到行车调度员加开备用车命令后,须在 10 分钟内组织备用车运行至正线。

二、扣车与放行

(1) 原则上,行车调度员扣车时,应通知司机和车站。当车站需要扣车,由车站在 IBP 盘上操作,并及时通知司机。

(2) 紧急情况时,可按紧急停车按钮扣车,并及时通知司机,报行车调度员。

(3) 扣车按照"谁扣谁放"的原则操作。只有在 ATS 故障时,对原行车调度员设置扣停的列车,经行车调度员授权后由相关车站取消扣车。放行时应确认无列车进站或列车已停稳后方可操作。

(4)当因故无法取消扣车时,司机按照行车调度员命令出站。

(5)当信号系统故障不具备扣车功能但行车调度员需扣车时,行车调度员可直接发令给司机待命。

三、越站

(1)在行车工作中,车辆、设备故障、事故及突发客流等原因造成晚点或特殊原因需要时,准许电客车越站。

(2)电客车越站须得到行车调度员同意,行车调度员应及时通知司机及车站。

(3)原则上列车上的乘客无法通过对向列车返回所越车站时不得越站。

(4)原则上不准连续两列及以上客运列车在同一车站越站。

(5)原则上不准同一列客运列车连续越两个及以上车站。

(6)原则上首、末班车不准越站。组织连续通信列车越站时,原则上应使用信号系统提供的功能进行设置,司机凭车载推荐速度驾驶列车越站。组织降级电客车或工程车越站时,司机凭地面信号显示人工驾驶列车越站。

四、对标不准

(1)当电客车头部已进入站台、存车线、折返线,但未到对位标自动停车时,司机确认列车及运行前方无异常,自行对标后报行车调度员;若有异常,司机须及时报行车调度员并听从其指挥。

(2)当运营电客车冲标时,应优先组织列车后退对标,司机经行车调度员同意后,根据具体情况选择 SM、RM 或 NRM 后退对位。但冲标距离达到临界点时(如苏州地铁规定为 3 个车门),司机报行车调度员,按行车调度员指示执行;如电客车不开门继续运行至前方站时,行车调度员应通知前方站做好乘客服务、维持好站台秩序,司机应及时对车厢广播安抚乘客。

(3)自动驾驶的列车出现对标不准时,行车调度员可组织列车改为手动驾驶,适时回场退出服务。

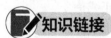

1.名词术语

备用车:准备上线替换故障列车或需要加开列车时使用的运用车。

越站:指列车在车站不停车通过。

首班车:依据当日的运营时刻表,在站投入载客服务的某一方向第一个列车。

末班车:依据当日的运营时刻表,在站投入载客服务的某一方向最后一个列车。

2.扣车、放行设备操作的规定(以某一地铁为例)

(1)扣车操作前提:

①列车以 AM、SM 模式驾驶;

②列车未进入站台或停稳在站台且 IBP 盘扣车按钮上方黄灯点亮时。

(2)扣车的有效区段:站台区段。

(3)扣车操作的步骤:

①扣车。在 IBP 盘上如图 4-1 所示,按压相应的"扣车"按钮(黄色不带灯带防护盖自复式按钮),IBP 盘上相应"取消扣车"按钮上方的红灯闪烁(如是 OCC 扣车,"取消扣车"按钮上方为红灯常亮)。

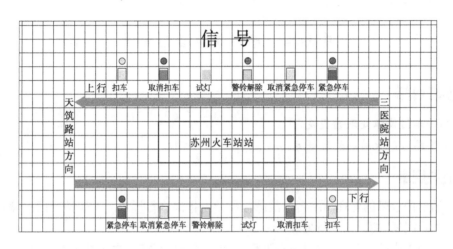

图 4-1　IBP 盘上信号控制模块

②放行。在 IBP 盘上按压相应的"取消扣车"按钮(绿色不带灯带防护盖自复式按钮),"取消扣车"按钮上方灯熄灭。

查一查

1.查一查各地铁对冲标临界点的规定。

例如:某地铁规定,当运营电客车进站冲标小于 3.5m 时,司机先使用 SM/RM 模式退行对标,动车后再报行车调度员。当运营电客车进站冲标 3.5m 至 1 节车厢时,经行车调度员同意后使用 NRM 模式退行对标,行车调度员及时扣停后方列车。当运营电客车进站冲标大于 1 节车厢时,经行车调度员同意后越站。

2.对标不准的相关规定有哪些?

3.列车越站的相关规定有哪些?

练一练

1.原则上,正线备用车司机接到行车调度员命令后,须在＿＿＿＿分钟内做好动车准备;车场调度员接到行车调度员加开备用车命令后,须在＿＿＿＿分钟内组织备用车运行至正线。

2.原则上,行车调度员扣车时,应通知＿＿＿＿和＿＿＿＿。当车站需要扣车,由车站在＿＿＿＿盘上操作,并及时通知＿＿＿＿。

3. 扣车按照_____的原则操作,只有在ATS故障时,对原行车调度员设置扣停的列车,经行车调度员授权后由_____取消扣车。

4. 电客车越站须得到_____同意,行车调度员应及时通知司机及车站。

5. 原则上不准_____以上客运列车在同一车站越站。原则上_____不准越站。

6. 当运营电客车冲标时,应优先组织列车_____对标,司机经行车调度员同意后,根据具体情况选择_____模式后退对位。

单元二　车门及站台门故障

学习目标

1. 熟知车门故障处理的规定。
2. 熟知站台门故障的处理规定。

相关规章

(1)站台门故障的处理由站台门故障应急处置指南进行规定。发生站台门故障时,要按照"先通车后恢复"的原则进行处理。

(2)车门发生故障时,由司机负责处理;站台门发生故障时,由车站负责处理。

(3)车门故障时,司机应做好列车防溜,携带无线手持台,再行处理。

(4)车门或站台门故障时,司机、车站应做好广播告示,引导乘客上下车,车站做好防护工作。

(5)当站台门无法关闭时,车站应在故障站台门处做好防护。

(6)故障门被隔离时,车站应在故障门内侧粘贴故障纸。

(7)站台门故障造成进站列车紧急制动、站前自动停车或站停列车无法出站时,由车站操作互锁解除接发列车或由行车调度员组织列车限制人工驾驶模式出站;车站确认操作互锁解除无效后应立即报告行车调度员,司机进出站过程确认站台安全。

(8)当系统联动、PSL、IBP均无法开启屏蔽门时,采取就地每节车厢开启一对滑动门(原则上为第2道滑动门)的方式组织上下客。

(9)故障屏蔽门修复后,需对相应侧的屏蔽门进行一次开关门试验。

站台门的操作

1. 手动控制

前提条件:是当系统级控制和站台级控制均不能操作屏蔽门,或个别屏蔽门操作机构发生故障时,或对单个门单元检修、维修、测试需要进行的操作。

操作步骤：

(1)从轨道侧打开 PSD：乘客或工作人员可从轨道侧开启 PSD。

开门程序：向内拉右活动门(在轨道侧面对活动门)的银色紧急操作手柄，此时活动门会自动打开一定的距离，用力将活动门推开；此时活动门有报警声，门头灯黄色常亮，过 30 秒后，门头灯黄色闪亮。

(2)从站台侧开 PSD：

开门程序：在站台侧将专用钥匙插入左活动门门框中部的锁孔，操作钥匙逆时针旋转；旋转到位后活动门被手动解锁，活动门会自动打开一定的距离，用力推开门扇，活动门打开；此时活动门有报警声，门头灯黄色常亮，过 30 秒后，门头灯黄色闪亮。

(3)手动关闭 PSD：

PSD 门无须工具或钥匙就可人工关闭打开双向活动门，手掌用力平按住门扇左右两部分用力将两门扇推至中心直至关闭并锁住。确认门状态指示灯状态。

PSD 的关闭是由安全开关监控的，当 PSD 关上且锁闭，PSD 上的门状态指示灯将熄灭。

2. 就地控制盒 LCB 操作

前提条件：当单个屏蔽门故障、影响列车发车时，需要对单个滑动门进行旁路操作[旁路操作可选择手动开/手动关]，将故障滑动门从整侧滑动门中旁路隔离，确保列车以正常信号出站。

操作步骤：

所有 PSD 活动门上设有一个 LCB(见图 4-2)。它是由 1 个的 4 位开关构成，有下面 4 种模式选择：

(1)隔离模式：当某个活动门有故障时，可以将它隔离，此门不会对开或关的命令有反应，此时门处于自由状态，开门到位被旁路。

(2)自动模式：DCU 接受并处理来自 PSC 的开或关命令，此时安全回路没有被旁路。

(3)手动开门模式：可以手动开门，此时安全回路被旁路。

(4)手动关门模式：可以手动关门，此时安全回路被旁路。

图 4-2　LCB 控制盒

3. 车站 IBP 操作(见图 4-3,相关教学资源见二维码 10)

二维码 10

前提条件:站台 PSL 控制盘操作整侧屏蔽门无效,站台火灾或紧急疏散时需使用车控室 IBP 盘(综合后备盘)上应急开门操作。

操作步骤:将插在 IBP 盘上的专用钥匙转到"有效"位置,此时"有效"位旁的指示灯绿色常亮,按压绿色的"开门"按钮,绿色的"关闭锁紧"指示灯熄灭,当所有的活动门全部开门到位后,黄色的"开门到位"指示灯黄色常亮;按压红色的"关门"按钮,黄色的"开门到位"指示灯熄灭,当所有的活动门全部关闭锁紧后,绿色的"关闭锁紧"指示灯绿色常亮,操作完成后及时将钥匙转到"无效"位置。

4. 站台级端头控制盒 PSL 操作(见图 4-4)

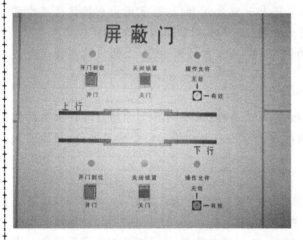

图 4-3 车站 IBP 的站台门控制模块

图 4-4 PSL 控制盒

(1)正常操作开关门

当"PSL 操作允许"钥匙开关处于"使能"位置("PSL 操作允许"信号将送至 PSC)时,"开门"、"关门"命令可以使用。

操作站台端头控制盒(PSL)上的"开门"按钮,可以打开活动门。

操作站台端头控制盒(PSL)上的"关门"按钮,可以关闭活动门。

当"PSL 使能"钥匙开关处于"自动"位置(PSL 将信号将送至 PSC)时,"开门""关门"命令失效。

(2)PSL 互锁解除操作

前提条件:信号系统故障不能确认活动门关闭锁紧或不能控制开关门,列车无法进站或出站,需采用互锁解除操作。

操作步骤:将屏蔽门 PSL 钥匙插入 PSL 盘上的"ASD/EED 互锁解除开关"将钥匙拧到互锁解除位并保持,确认列车进站停稳。

列车无法离站,确认需采用互锁解除操作,将 PSL 钥匙拧到互锁解除位并保持,确认列车离站,松开钥匙,确认钥匙回到"OFF 即"位("禁止"位)。

查一查

1. 站台门故障处置的规定有哪些?
2. 不同地铁站台门手动操作的区别在哪里。

练一练

1. 车门发生故障时,由_____负责处理;站台门发生故障时,由_____负责处理。
2. 故障门被隔离时,车站应在故障门内侧_____。
3. 站台门故障造成进站列车紧急制动、站前自动停车或站停列车无法出站时,由车站操作_____接发列车或由行车调度员组织列车_____驾驶模式出站;车站确认操作互锁解除无效后应立即报告行车调度员,司机进出站过程确认站台安全。
4. 当"PSL操作允许"钥匙开关处_____位置时,"开门""关门"命令可以使用。
5. 当系统联动、PSL、IBP均无法开启屏蔽门时,采取的_____方式组织上下客。
6. 故障屏蔽门修复后,需对相应侧的屏蔽门进行一次_____试验。

单元三　信号设备故障情况下的行车

学习目标

1. 熟知ATS设备故障和ATP设备故障时的行车组织的规定。
2. 熟知信号机故障时的行车组织规定。

相关规章

一、ATS设备故障处理规定

(1)当中央ATS工作站故障时,行车调度员应授权设备集中站控制,由车站使用ATS工作站监控。

(2)当中央及车站ATS工作站均无法对列车进行监控时,若列车能够维持正常运行,行车调度员组织列车限速运行并指定车站报点,否则应采用电话闭塞/联系法。

二、ATP设备故障处理规定

(1)当轨旁ATP故障时,行车调度员组织故障区域内列车采用进路闭塞法或电话闭塞/联系法组织行车。

(2)当列车在区间发生车载ATP故障时,司机报行车调度员并按其指令运行至前方站;在车站发生车载ATP故障且无法修复时,由值班主任视情况决定是否清客退出服务。

三、信号机故障处理规定

遇前方信号机临时关闭或不能开放时,司机立即停车与行车调度员联系,按行车调度员

命令执行。若需组织列车凭引导信号或越红灯运行时,必须遵守以下规定:

（1）任何情况下列车凭引导信号或越红灯信号机运行必须由行车调度员明确授权,否则必须在红灯信号机前停车。

（2）信号机具备开放引导信号条件时,行车调度员提前向相关列车司机发布凭引导信号运行的调度命令,并通知车站开放信号机引导信号,车站负责监视列车接近并及时开放引导信号。

（3）行车调度员授权列车越红灯信号机的命令必须确认进路安全后逐一向列车司机发布,且不允许一个指令授权列车越过多个信号机红灯。

（4）授权列车越红灯信号机时必须确保进路内无列车占用。

（5）除行车调度员特殊要求外,列车越过信号机后应及时升级到尽可能高的运行控制级别。

四、车场联锁故障时但正线联锁正常时规定

车场联锁故障时但正线联锁正常时,列车出入场不采用电话闭塞法/联系行车。列车出场时,由车场组织列车至转换轨一度停车,司机联系行车调度员后凭行车调度员指令运行。列车回场时,原则上待车场联锁恢复正常具备接车条件后再组织回场。

五、道岔故障处理规定

（1）道岔故障时,行车调度员优先变更进路组织行车。

（2）站后折返道岔故障时,如无变更进路或道岔正确表示位无法满足行车需要,行车调度员通知车站按调车方式办理折返。

（3）中间站或站前折返道岔故障时,行车调度员组织车站将故障道岔开通正确位置并钩锁。

（4）通过道岔故障区段的首列车须限速运行。

（5）列车停在故障道岔上时,确认道岔位置正确后,列车限速5km/h离开岔区。

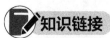

知识链接

> 由于不同地铁采用的信号系统不同,所以当信号设备故障时行车组织规定也有所不同。如,以另一地铁为例,正线信号设备故障时的行车组织规定为:
>
> 1. ATS设备故障处理规定
>
> （1）中央级或车站级ATS故障时,行车调度员应授权相应有岔站采用站级控制,有岔站通过联锁本地操作工作站监控列车运行状态。
>
> （2）ATS设备故障时,行车调度员通知司机在显示屏上输入当时车次号,到换端运行时,输入新的目的地码和车次号,直至行车调度员通知停止输入为止。
>
> （3）报点站向行车调度员报告各次列车的到发点,至行车调度员收回控制权时止。
>
> （4）以有岔站为单位铺画列车运行图,至ATS设备恢复正常,收回控制权时止。

(5)当 ATS 的自动排进路或联锁系统的追踪进路不能自动排列时,应由人工介入,在 HMI 上或在联锁本地操作工作站上人工排列进路。

2. ATP 设备故障处理规定

(1)当 ATP 轨旁设备发生故障,具备 ITC 功能时,优先采用进路闭塞法组织行车时,否则该区段采用区段闭塞法组织行车,凭地面信号显示以 NRM 模式驾驶列车。

(2)当 ATP 车载设备故障时,行车调度员命令司机以 NRM 模式驾驶列车就近下线或终点站退出服务,该列车以区段闭塞法组织行车,行车调度员提前人工排列好该列车的运行进路,加强对该列车的监控。司机采用 NRM 模式运行时,严格执行限速要求,确认进路安全,发现异常时及时采取措施停车报告行车调度员。

3. 道岔故障处理规定

(1)信号系统显示道岔失去表示、转不到位、挤岔等故障且无变更进路可选择时,需要将道岔开通正确位置并加钩锁器。如果需要转动道岔,按照"优先尝试通过信号系统操作,远程操作无效时现场人工手摇道岔"的原则,将道岔转动到需要的位置,现场确认道岔位置正确、尖轨密贴后加钩锁器。

(2)运营期间道岔故障,需要在列车通过前将道岔钩锁时,作业程序为:

①行车调度员通知车站做好钩锁道岔准备,至端门处待令;

②行车调度员通知车站对相关道岔进行钩锁,车站相关人员钩锁完后进入安全避让区后报行车调度员;

③行车调度员视行车间隔组织车站人员出清线路,车站相关人员出清线路后报行车调度员。

(3)当遇到列车压到道岔时显示转不到位且瞬间恢复正常的情况,行车调度员组织后续列车限速 35km/h 通过故障道岔,并组织车站利用行车间隔将道岔钩锁。其作业程序为:

①行车调度员通知车站做好钩锁道岔准备,车站相关人员至端门处待令。

②行车调度员视行车间隔组织车站相关人员至安全避让区避让;车站相关人员至安全避让区后报行车调度员。

③行车调度员视行车间隔待具备条件后通知车站对相关道岔进行钩锁;车站相关人员钩锁完后进入安全避让区后报行车调度员。

④行车调度员视行车间隔组织车站人员出清线路,车站相关人员出清线路后报行车调度员。

(4)列车停在故障道岔上,经现场人员确认道岔安全后,可组织列车限速 5km/h 离开岔区。

查一查

1. 仅中央 ATS 设备故障时组织行车的相关规定有哪些?
2. 列车凭引导信号或越红灯运行时的规定有哪些?
3. 不同地铁对于轨旁 ATP 故障时行车组织规定中的区别及原因是什么?

练一练

1. 当中央 ATS 工作站故障时,行车调度员应授权_____控制,由车站使用 ATS 工作站监控。
2. 当中央及车站 ATS 工作站均无法对列车进行监控时,若列车能够维持正常运行,行车调度员组织列车_____,否则应采用_____。
3. 当轨旁 ATP 故障时,行车调度员组织故障区域内列车采用_____组织行车。
4. 任何情况下列车凭引导信号或越红灯信号机运行必须由_____明确授权,否则必须在红灯信号机前停车。
5. 行车调度员授权列车越红灯信号机的命令必须确认_____后逐一向列车司机发布,且不允许一个指令授权列车越过_____红灯。
6. 授权列车越红灯信号机时必须确保_____。
7. 道岔故障时,行车调度员优先_____组织行车。
8. 中间站或站前折返道岔故障时,行车调度员组织车站将故障道岔_____。
9. 列车停在故障道岔上时,确认道岔位置正确后,列车限速_____离开岔区。

单元四 清客、疏散的相关规定

学习目标

1. 熟知电客车清客的条件和要求。
2. 熟知区间疏散的条件和要求。

相关规章

一、清客

1. 清客的条件

(1)列车担任救援列车时,原则上在故障点前一站组织清客,空车担任救援。
(2)列车不能继续维持运营时清客,空车下线。
(3)因调整列车运行,在小交路折返时组织清客或上下客。
(4)当电客车发生爆炸、火灾等危及乘客人身安全的紧急情况时,在车站立即组织清客。

2. 清客的要求

(1)清客或区间乘客疏散需经值班调度长批准,由行车调度员发布调度命令。
(2)原则上列车清客在 2 分钟内完成。
(3)除组织小交路运行外,不允许连续两列车在同一车站清客。
(4)行车调度员应及时通知司机及车站;司机、车站应及时广播通知乘客,清客完毕后及时报行车调度员。

(5)列车部分驶入站台且需要清客时,车站组织利用站台区域滑动门或应急门对应车门进行清客,司机配合通过广播进行引导。

(6)已清客的电客车原则上不在清客站重新载客。

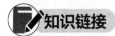

以某一地铁为例,清客的程序为:

(1)行车调度员向车站和司机发布清客命令。

(2)车站接到清客命令后安排人员上车引导乘客下车,确认客室乘客全部下车后向司机显示"好了"信号。

(3)司机接到清客命令后,确认列车在清客站停稳后打开车门,播放清客广播,关闭常用照明,确认站台"好了"信号后关闭车门。

(4)清客完毕后车站、司机必须及时向行车调度员报告。

二、区间的疏散

1. 区间疏散的条件

(1)当列车在区间迫停,预计超过30分钟时,可组织乘客区间疏散。

(2)发生爆炸、火灾等危急乘客人身安全的紧急情况,行车调度员可通知司机立即组织乘客区间疏散。

2. 区间疏散的要求

(1)有计划组织区间乘客疏散时,必须等车站人员到达现场再开始疏散乘客;发生危及乘客安全的情况时,司机须立即组织乘客疏散同时报告OCC。

(2)执行区间乘客疏散时车站安排人员把守区间两端,有条件的情况下尽可能在联络通道、联络线等区域把守。

(3)乘客疏散路径途经联络通道时,邻线列车须限速25km/h运行,并加强瞭望。

(4)乘客疏散路径途经联络线时,另一条线路相应线路须中断列车运行。

(5)因危及乘客安全而紧急疏散时,或上下行线共用疏散平台时,或乘客疏散路径途经渡线、存车线时,必须同时中断上下行线行车。

(6)区间送风方向原则上应与疏散方向相反,保证乘客迎风疏散。若乘客双向疏散时,以保证大部分乘客生命安全为原则,选择区间送风方向。

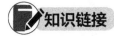

1. 名词术语

区间迫停:由于列车故障或行车条件不满足,导致列车在区间被迫停车,且不能驶向前方车站或退回发车站的情况。

疏散平台:指地铁运营列车在区间出现紧急情况时,疏散乘客的专用通道,如图4-5

所示。疏散平台安装在隧道壁或高架线路旁,当列车发生紧急情况在区间停车时,乘客可以通过解锁紧急疏散平台侧的车门,手动打开车门,通过疏散平台进行疏散。

2. 区间疏散的程序

以某一地铁为例,区间疏散的程序为:

(1)疏散条件满足后,行车调度员与值班调度长共同制订疏散方案,由行车调度员向相关车站、司机发布区间乘客疏散调度命令,并调整列车运行、做好安全防护。

(2)车站接到调度命令后,开启区间照明,安排人员把守相应区间两端,由值班站长带队携带应急备品进入区间引导乘客向指定方向疏散。

图4-5 安全疏散平台

(3)司机接到调度命令后,施加停放制动,若无危及乘客安全的情况,先通过广播安抚乘客,等车站人员到达现场后按照值班站长的指令播放疏散广播,降下受电弓,手动打开疏散平台侧的一扇车门,配合车站人员引导乘客疏散;若情况危及乘客人身安全,司机立即切除ATP打开疏散平台侧的车门,播放紧急疏散广播,施加停放制动,降弓。

(4)车站确认区间疏散完毕后,及时向行车调度员报告。

查一查

1. 清客的条件、要求有哪些?
2. 区间疏散的要求有哪些?

练一练

1. 列车担任救援列车时,原则上在_____站组织清客,空车担任救援。
2. 清客或区间乘客疏散需经_____批准,由_____发布调度命令。
3. 除组织小交路运行外,不允许_____在同一车站清客。
4. 已清客的电客车原则上不在_____重新载客。
5. 原则上_____分钟内完成清客。
6. 当列车在区间迫停,预计超过_____分钟时,可组织乘客区间疏散。
7. 因危及乘客安全而紧急疏散时,或上下行线共用疏散平台时,或乘客疏散路径途经渡线、存车线时,必须中断_____。
8. 区间送风方向原则上应与疏散方向_____。若乘客双向疏散时,以_____为原则,选择区间送风方向。
9. 执行区间乘客疏散时车站安排人员把守_____,有条件的情况下尽可能在联络通道、联络线等区域把守。

单元五　电客车故障及救援

学习目标

1. 熟知电客车故障处理规定。
2. 熟知电客车救援的规定。

相关规章

一、电客车故障

（1）电客车故障的判断、报告和处理由司机负责（涉及安全旁路的操作，需行车调度员授权），行车组织由 OCC 负责。

（2）电客车在区间运行发生紧急制动，若司机明确发生紧急制动原因（车载信号设备故障除外），在确认前方进路安全的情况下，先动车运行；司机动车后须及时向行车调度员报告。若车载信号设备故障或发生不明原因紧急制动，应向行车调度员报告，按行车调度员指示执行。

（3）司机离开驾驶室处理故障前须报告行车调度员。必须随身携带无线手持台并关闭驾驶室门。

（4）故障处理达到一定时间时，原则上须组织列车救援。司机判断故障可恢复时，可视情况再给予司机增加一定的处理时间。

（5）电客车在区间隧道停车时，如停车超过 2 分钟且未发生火灾或爆炸，行车调度员通知环控调度启动区间隧道阻塞模式。

（6）在电客车故障处置期间，列车降级为 RM 模式、切除 ATP 需要经行车调度员同意再操作；需要离开驾驶室和换端处理时，司机边进行边汇报行车调度员。其他操作内容均不需要报行车调度员。若涉及使用停放制动旁路开关、气制动旁路开关、总风欠压旁路开关及紧急牵引模式、拖动模式、后端推进运行等情况时，在动车前向行车调度员报告上述操作及动车限制。若使用了旁路开关，行车调度员及时通报检修调度员。

知识链接

以某一地铁为例，电客车故障处理基本步骤为：

（1）司机及时、准确将故障报警信息及显示屏、仪表、指示灯显示等情况报告行车调度员。

（2）司机在规定的初步处理时间内按照车辆、信号故障处理指南进行故障处理。

（3）到达初步处理时间节点，司机主动报告或行车调度员询问故障处理情况，若未处理完可申请继续处理。

（4）到达总体处理时间节点，若司机未向行车调度员汇报处理结果时，行车调度员询问司机故障处理情况及是否能够动车。若能动车,司机需明确告知行车调度员能动车及后续行车限制条件;若不能动车,司机需明确告知行车调度员不能动车。

(5)行车调度员对处理结果合理性进行预判并报告值班调度长,由值班调度长确定进一步处置方案。

二、电客车救援

(1)原则上按照列车正常运行方向进行救援;如果采用反向救援,行车调度员应及时通知故障车及救援车司机。

(2)运营期间原则上不采用工程车救援电客车。

(3)原则上,故障列车不在区间进行乘客疏散,救援列车不得载客救援。

(4)若救援列车在决定救援之前未清客,行车调度员组织列车在故障点前一个站台清客。

(5)行车调度员发布救援命令后,故障车司机在连挂之前可继续排除故障,若故障排除则终止救援。

(6)救援车在距故障车15m处一度停车,确认安全且故障车关闭头灯后限速5km/h接近故障车,在3m处一度停车并联系故障车司机。在故障车司机的指挥下限速3km/h进行连挂,连挂完毕救援车司机须进行试拉,确认连挂妥当。连挂过程中司机下线路确认连挂情况无须报行车调度员。具体连挂作业标准及注意事项应在司机手册中进行明确规定。

(7)连续控制级别下的列车运行至0速处停车,切除ATP后按上述方法进行救援连挂。

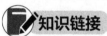知识链接

以某一地铁为例,正线列车救援基本组织程序为:

(1)发布命令:行车调度员向有关车站(车场)、司机等发布开行救援列车的调度命令。

(2)救援准备:若救援列车在决定救援之前未清客,行车调度员组织列车在故障点前一个站台清客;停站后2分钟内未能清客完毕,可带客前往救援。故障车司机根据行车调度员命令进行清客,清客完成后做好防护措施及救援准备。行车调度员在救援连挂车动车前排列好前方运行进路。

(3)实施连挂:能够以AM/SM模式运行的救援电客车,先运行至推荐速度为零处停车,然后以NRM模式运行至距故障车20m外一度停车;救援工程车或以RM/NRM模式运行的救援电客车直接运行至距故障车20m外一度停车。救援车司机以5km/h速度驾驶列车接近故障车,在3m处一度停车并联系故障车司机,在故障车司机的指挥下限速3km/h进行连挂作业,并通过试拉确认连挂状态。连挂过程司机下线路确认连挂情况不用报行车调度员;高架区域司机利用非疏散平台侧下车确认。具体连挂作业标准及注意事项应在司机手册中进行明确规定。

(4)动车:连挂完毕,救援连挂列车解除相应防护并确认安全后,按调度命令规定的运行路径先动车,动车后立即向行车调度员汇报。

查一查

1. 电客车故障处理的相关规定有哪些?
2. 电客车救援的相关规定有哪些?

练一练

1. 电客车故障的判断、报告和处理由_____负责(涉及安全旁路的操作,需行车调度员授权),行车组织由_____负责。
2. 电客车在区间隧道停车时,如停车超过2分钟且未发生火灾或爆炸,行车调度员通知环控调度员启动_____模式。
3. 原则上按照列车_____进行救援;如果采用反向救援,行车调度员应及时通知故障车及救援车司机。
4. 若救援列车在决定救援之前未清客,行车调度员组织列车在_____清客。
5. 连续控制级别下的列车运行至_____处停车,切除ATP后按上述方法进行救援连挂。
6. 救援车在距故障车_____m处一度停车,确认安全且故障车关闭头灯后限速_____接近故障车,在_____m处一度停车并联系故障车司机,在故障车司机的指挥下限速_____进行连挂,连挂完毕救援车司机须进行试拉,确认连挂妥当。

单元六 特殊情况下的列车运行组织

学习目标

1. 熟知电客车推进运行、反方向运行、退行和中断行车的相关规定。
2. 熟知列车单线双向运行规定和小交路折返运行规定。
3. 熟知线路积水的规定。

相关规章

一、推进运行

(1)推进运行必须得到行车调度员命令。
(2)当难以辨认信号时,禁止推进。
(3)在25‰及以上的坡道推进运行时,禁止停车作业(被迫停车除外),并注意列车的运行安全。

二、反方向运行

(1)在具有反方向ATP保护的区段上,电客车需要反方向运行时,须得到行车调度员命令;驾驶模式为连续列车控制级ATP监控下的人工驾驶模式。

(2)在没有 ATP 保护的区段上,除降级运营组织、单线双方向运行或开行救援列车外,载客列车原则上不得反方向运行。

(3)工程车需在明确行车计划和进路排列好的情况下可组织反方向运行。

(4)反向运行区域轨旁 ATP 故障且必须反向运行时,司机按照安全级别由高到低的顺序选择驾驶模式。

三、列车退行

(1)列车因故在区间停车需要退行时,司机必须及时报告行车调度员,在得到行车调度员的命令后方可退行;行车调度员应及时通知有关车站。

(2)行车调度员与车站共同确认本站及后方区间空闲,并将后续列车扣停在后方站,方可发布列车退行的调度命令。若后续列车已进入后方区间,行车调度员应通知后方列车停车待令,保证后车距离本站有足够安全距离,方可发布列车退行的调度命令。

(3)列车全部出清站台时,原则上行车调度员通知司机换端驾驶,车站接车人员应于进站站台端门处显示引导信号;列车在进站站台外必须一度停车,确认引导信号正确方可进站。列车尚未全部出清站台时,行车调度员通知司机、车站不换端退行。

(4)退行列车到达车站后,司机应及时向行车调度员报告,同时根据行车调度员的命令处理。

四、中断行车

(1)当正线出现事故、事件时,行车调度员应先根据现场情况进行中断时间的预判,初期可采用多停晚发的方式组织行车。

(2)当正线事故、事件处置时间较长,导致行车中断时间增加时,行车调度员应尽量维持最大限度的线路运营,必要时可视情况组织公交接驳。

①当单线中断行车时,行车调度员可视情况组织中断行车区域的临线区域单线双向运行。

②当双线中断行车时,行车调度员可视情况组织中断行车区域的两侧线路小交路运行。

五、列车迫停于区间无法联系行车调度员

列车迫停于区间,司机超过 5 分钟仍无法与行车调度员取得联系时,司机可确认前方进路安全后限速 10km/h 运行至前方车站后联系行车调度员。

六、单线双向运行规定

(1)局部采用单线双向运行时,优先使用与小交路折返线路不同的线路。

(2)单线双向运行的区域与小交路运行的区域必须能够衔接。

(3)单线双向运行路径确定后,不需要转动的道岔必须电子锁定在正确位置;当有道岔需要频繁转动时,经过该道岔的进路必须关闭自排或追踪功能,采用人工排列。

(4)当同一线路上单线双向运行列车与其他列车对向运行时,其中任何一列车进行折返作业前,必须将对向行驶列车至少扣停在折返点前一个站台。

(5)原则上不组织超过2列车进行单线双向运行。
(6)优先通过行车调度员排列进路。
(7)司机、折返站负责引导乘客乘降。
(8)列车车次按照行车调度员命令执行。

七、小交路折返运行规定

1. 分类

小交路分为完全小交路折返、间隔小交路折返两种。当线路中断运行时,允许列车在小交路折返站连续清客进行完全小交路折返,否则采用列车间隔小交路折返。

2. 小交路折返组织程序

(1)行车调度员发令:小交路折返方案确定后,行车调度员向司机、车站发布小交路折返运行的调度命令[应包括折返站、折返站台(股道)、辅助线等]。

(2)进路排列:优先通过行车调度员排列进路。

(3)列车驾驶:司机凭信号显示驾驶列车运行,列车车次按照行车调度员命令执行;若行车调度员未分配车次则默认当前车次的旅程号加1。

(4)客运组织:站前折返时,司机、折返站负责引导乘客乘降;站后折返时,折返站负责清客,司机确认车站人员"好了"信号关门,并确认车厢内无滞留乘客。

(5)为防止列车冲突,当列车利用渡线折返或从折返线/存车线运行至正线时,必须将对面或侧面来车方向的列车扣停在折返点前一个站台。

(6)当需要接触网停电时,小交路折返站应选择在停电范围外。

八、线路积水

(1)发现隧道线路积水时,立即报OCC;OCC组织抢险,预计影响正常运营时,行车调度员须及时进行行车调整。

(2)列车越过积水区域时须人工驾驶。

(3)列车进入积水区间的限速如下:

①当积水浸到轨底时,限速25km/h;

②当积水浸到轨腰时,限速15km/h;

③当积水漫过轨面时,原则上不准列车通过。

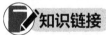

名词术语

(1)推进:在尾端驾驶室操纵电客车运行、机车或电客车在尾部推动其他车组运行,称为推进。

(2)退行:在特殊情况下,列车进入区间后退回后方最近车站,可以推进或牵引运行。若列车完全进入区间,退行时车站须引导接车。

(3)反向运行:列车运行分为上、下行方向运行;当违反常规方向运行时,称反方向运行。

(4)完全小交路折返：组织列车完全小交路折返主要运用于设施/设备故障、事件/事故发生导致某一区段长时间中断，无法恢复行车，此时组织的完全小交路折返一般还伴随着单线双向运行等行车调整手段。

(5)间隔小交路折返：间隔小交路折返主要运用于线路暂时中断，需要从邻线折返一列或间隔多列车来弥补本线的行车空隙，以达到均衡行车指标，服务乘客的目的。

查一查

1. 反方向运行的相关规定有哪些？
2. 单线双向运行的规定有哪些？
3. 行车中断时，如何合理运用小交路和单线双线运行合理组织列车运行？
4. 推进运行与反方向运行两种行车组织方法的区别和联系。

练一练

1. 推进运行必须得到_____命令。

2. 在具有反方向 ATP 保护的区段上，电客车需要反方向运行时，须得到行车调度员命令；驾驶模式为_____驾驶模式。

3. 行车调度员与车站共同确认_____，并将后续列车扣停在后方站，方可发布列车退行的调度命令。

4. 列车全部出清站台时，原则上行车调度员通知司机换端驾驶，车站接车人员应于进站站台端门处显示_____，列车在进站站台外必须_____，确认引导信号正确方可进站；列车尚未全部出清站台时，行车调度员通知司机、车站不换端退行。

5. 局部采用单线双向运行时，优先使用_____线路。

6. 单线双向运行路径确定后，不需要转动的道岔必须_____在正确位置；当有道岔需要频繁转动时，经过该道岔的进路必须关闭_____功能，采用人工排列。

7. 当同一线路上单线双向运行列车与其他列车对向运行时，其中任何一列车进行折返作业前，必须将对向行驶列车至少扣停在_____。

8. 小交路分为_____、_____两种。当线路中断运行时，允许列车在小交路折返站连续清客进_____，否则采用列车间隔小交路折返。

9. 为防止列车冲突，当列车利用渡线折返或从折返线/存车线运行至正线时，必须将对面或侧面来车方向的列车扣停在_____。

10. 列车越过积水区域时须_____驾驶。

模块五　车场作业组织

本模块介绍了车场的组织架构,车场行车作业组织的内容、标准和要求,调车作业的组织原则、实施的基本方法和安全规定。

 教学建议

1. 熟记、理解相关规章。
2. 按电客车出、回场等作业,编写方案并组织分组演练;在演练的过程中,要求符合相关程序和规章要求,严格按章作业,发现违章情况及时纠正并讨论。
3. 按实际调车作业的要求,完成一个调车作业全过程的计划、指挥及作业。在此过程中发现问题、解决问题。

单元一　车场行车组织

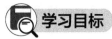 学习目标

1. 熟知车场的定义、车辆段的组织架构。
2. 了解并掌握车场作业的基本程序及标准。

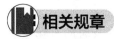 相关规章

一、基本要求

(1)车场内应优先保障电客车或工程车出、回场作业;必要时车场调度员有权停止或调整影响出入场作业的其他作业,其他作业部门必须做好配合。有车出场或回场期间不得利用行车间隔进行交叉调车作业,避免影响出、回场作业或造成调车冲突。若有影响出、回场作业的调车作业未完成,调车作业领导人应暂停调车作业,做好安全防护,待出、回场作业结束后再完成调车作业。

(2)车场行车组织中车场调度员、车场值班员、调车员或司机的岗位职责:

①车场调度员应掌握场内各线路的车辆分布情况,并同步在占线板上记载现车位置、车种、数量;调车作业完毕或者暂停后,应及时整理核对占线板车辆占用情况。在作业计划下达后,必须通过电台或者监控设备监控调车作业的过程,随时掌握好车场内车辆的动态和分布情况。

②车场值班员在作业前必须双人核对作业计划正确;然后确认作业条件满足、办理的进路与计划一致且信号正常后才能向司机发布动车命令。车场值班员应加强对电客车、工程车运行情况的监视跟踪,如有危及行车安全情况立即命令司机停车。

③调车员或司机在作业前必须认真核对作业计划,严格遵守调车作业有关规定及作业标准。在运行过程中遇到信号显示不明、灭灯的信号机或者危及行车的安全情况时,司机必须立即停车并报告车场值班员。

二、正线运营电客车出、回场前的准备

1. 出场准备

(1)原则上首列车出库前 2 小时,检修调度员应向车场调度员提交计划上线电客车列车号(含备用车),派班员应安排好司机配备工作。

(2)原则上首列车出库前 1 小时,车场调度员应根据《运营时刻表》要求及列车运用情况编制好电客车出场顺序表;并向车场值班员、派班室、行车调度员等相关岗位传达。

(3)车场调度员应提前停止影响电客车出场的相关作业;并且与行车调度员确认正线具备接车条件,恢复车场行车条件。

(4)司机在整备作业或运行过程中发现电客车故障应及时汇报车场调度员,车场调度员及时组织处理。必要时,检修调度员应及时组织专业人员进行故障处理。如果故障短期无法处理影响上线运用车时,检修调度员必须及时向车场调度员增加运用车或者说明车辆运用情况。

2. 回场准备

(1)车场调度员提前根据《运营时刻表》要求及正线列车列车号与车次号对应情况编制好电客车回场顺序表;并向车场值班员、检修调度员等相关岗位传达。

(2)车场调度员应提前停止影响电客车回场的相关作业,恢复车场行车条件。

三、工程车或调试车、救援车、加开电客车出、回场前的准备

(1)接到行车调度员命令后,车场调度员及时制订列车出、回场计划,及时向车场值班员、派班员传达,派班员负责向司机传达。

(2)需要开行救援车时,车场调度员根据现场提出的需求及时编组列车;并与现场负责人核实抢修工(器)具的装载情况和抢修人员上车地点。

(3)开行工程车或调试车时,原则上施工负责人及随车人员在车场内登车,有相关要求时应提前向车场调度员说明。车场调度员提前按照施工计划及施工负责人要求完成工程车编组,并将工程列车编组到指定地点待令。若工程车装载货物时,出场前车场调度员应与施工负责人确认货物装载满足载荷、加固、限界要求。

(4)车场调度员应提前结束相关作业,恢复车场行车条件;确认满足行车条件后通知车场值班员做好接发车准备。

四、进出库作业规定

(1)车场调度员在行车组织时,必须与检修调度员确认库门的开启及相关库内设备状态符合行车要求。

(2)电客车、工程车出入库前,司机或调车员应确认库门处于稳固开启状态;如有异常立即向车场调度员汇报。

(3)进/出库作业时,调车机车应在车库平交道口外一度停车,确认平交道口是否有障碍物、行人。

(4)调车员应检查库内线路状态、货物及设备堆放状况;发现有影响调车作业的工作和防护标志牌未撤除时,应立即汇报车场调度员。

(5)工程车装载货物应绑扎牢固,调车员需检查车门及侧板是否关闭好,以及防溜措施情况等。

五、洗车作业规定

(1)电客车回场需洗车时,由回场司机配合完成洗车作业。

(2)洗车作业前,车场值班员需要与洗车机控制室值班人员确认洗车机情况;确认同意洗车表示灯亮后,方可办理进路和开放信号。

(3)列车运行至洗车库前一度停车,司机确认洗车机信号后以洗车模式限速 3km/h 洗车。

(4)洗车过程原则上不得后退;特殊情况需后退时,应立即通报车场值班员,车场值班员征得车场调度员和洗车机控制室值班人员同意后办理作业。

(5)洗车作业时,司机应时刻注意前方洗车设备状态,遇到问题及时与车场值班员联系,车场值班员与洗车机人员确认后续运行情况,司机凭车场值班员指令动车。

(6)信号设备故障或洗车机设备故障时,禁止洗车作业。

六、镟轮作业规定

(1)电客车、工程车进入镟轮线办理作业均需得到检修调度员同意;电客车进入时须按无动力车辆办理(具备自走行能力的电客车除外)。

(2)需进行镟轮作业时,车场调度员组织工程车连挂电客车至镟轮线指定地点解钩(具备自走行能力的电客车在规定位置停车切换为蓄电池牵引模式后进入镟轮库对标停车),镟轮作业结束后组织电客车回库。

(3)工程车到镟轮线送电客车时,电客车运行至镟轮库前一度停车并做好防溜;检修调度员应安排人员现场确认停车位置及采取防溜措施。

(4)工程车到镟轮线取电客车时,电客车运行至镟轮库前一度停车并做好防溜;检修调度员应提前安排人员检查电客车并配合调车。

七、车场封锁区行车规定

(1)车场内凡配合施工作业需电客车或工程车调车的作业,以及需要在特定区域内往返动车的调车作业,均应按封锁区作业办理。

(2)封锁区作业时,电客车或工程车动车不需编制调车计划,司机按施工负责人的要求向车场值班员申请进路。

(3)封锁区作业时,能开放信号时,车场值班员尽量开放信号;不能开放信号时,车场值班员应单独锁定进路上的所有道岔。若电客车或工程车需要在一条进路上来回往返运行作业时,车场值班员应封锁进路,单锁进路上的每副道岔;确认无误后,通知调车员/司机。

（4）封锁作业过程中，严禁电客车、工程车辆越过允许区域范围。电客车、工程车辆如需在封锁区域转轨、越岔或退行时，应得到车场值班员的同意。作业完毕后，电客车或工程车应停在作业股道内方待令。

知识链接

1. 车场（车辆段）组织架构（见图5-1）

DCC是车场生产运作、车辆维修组织和作业的控制中心，设有车场调度员（简称场调）和检修调度员（简称检调）。车场的运作组织工作由场调统一指挥，场调全面负责车场内行车组织、设备检修维修施工组织和突发事件先期应急处置。

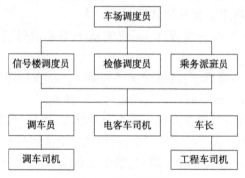

图5-1　车场组织架构

检修调度员负责车辆日常检修、清洁、定修和临修工作控制，为地铁运营生产提供数量足够和工况良好的电客车和工程车。

车场值班员（又称信号楼调度，简称信调）负责车场微机联锁设备操作和监视列车场内运行，配合完成场内调车、电客车或工程车出回场、施工防护等日常工作。

乘务派班员：乘务车间负责办理电客车、工程车乘务人员出/退勤作业，制订和组织实施乘务人员的派班计划，及时汇报乘务车间生产信息，准确统计相关台账等；发生突发事件时，负责调配好乘务人员。

2. 专业术语

车场：车辆段和停车场统称为车场。

工程车：指由机车和车辆编组而成的列车（含内燃机车、电力蓄电池工程维护车等单机编组）。

调试列车：用于电客车本身调试或配合其他专业设备调试的作业列车。

检修车：转为进行计划性检修或故障检修的车辆。在基地内大修、中修、架修各种检修及临修等车辆统称为检修车。

1. 车场线包括哪些线路？

2. 车场内调车的允许速度是多少？

练一练

1. 车场是_____和_____的统称。
2. 车场内应优先保障电客车或工程车出、回场作业;必要时_____有权停止或调整影响出入场作业的其他作业,其他作业部门必须做好配合。
3. 需要开行救援车时,_____根据现场提出的需求及时编组列车;并与现场负责人核实_____的装载情况和抢修人员上车地点。
4. 电客车、工程车入库前,_____应确认库门处于稳固开启状态,如有异常应立即向_____汇报。
5. 列车运行至洗车库前_____,司机确认洗车机信号后以洗车模式限速_____洗车。

单元二 调车作业

学习目标

1. 熟知调车的基本规定:调车的定义、方法;了解调车过程中的注意事项和禁止调车的情况。
2. 理解并记忆调车类型、适用范围、领导与指挥及对应的行车凭证和相关作业标准。
3. 掌握调车作业的编制、传达和变更方法。

相关规章

一、基本规定

(1)调车工作应按照调车作业有关技术要求及调车作业计划进行。参加调车作业的人员应认真执行作业标准,保证调车有关人员的人身安全及行车安全。

(2)调车方法仅限自身动力运行法、牵引调车法和推送调车法三种;严禁使用溜放、手推法调车。

(3)调车作业必须遵守"逐钩进行"的基本原则,每钩作业应按照"问路式调车"要求进行。

(4)遇特殊情况需要越出车场范围调车或调车作业对正线及其辅助线有相关要求时须取得行车调度员的同意;行车指挥权在车站时应取得车站的同意。

(5)调车员使用信号旗或信号灯按照要求显示信号或使用手持台指挥作业,应正确及时地显示信号;司机没有回示时,调车员应立即显示停车信号。

(6)司机应根据调车员的信号显示动车,时刻注意确认信号并回示;没有信号(指令)不准动车,信号(指令)不清立即停车。

(7)使用手持台(见图 5-2)指挥调车时,司机与调车员间应保持不间断联系;若 10~15 秒司机听不到调车员的指令时默认为停车信号,司机应立即采取紧急停车措施。

图 5-2　手持台

(8) 推送车辆时,要先试拉。车组前部应有人进行瞭望,及时显示信号。单机运行或牵引车辆运行时,前方进路的确认由司机负责;推进车辆运行时,前方进路的确认由调车员负责。

(9) 在尽头线上调车时,距线路终端应有 10m 安全距离;遇特殊情况需接近小于 10m 时,应在调车计划上注明,通知司机限速 3km/h 运行,并采取安全措施。电客车在有接触网终点的线路上调车时,应严格控制速度。

(10) 调动无动力电客车时,司机与调车员加强联系,共同确认车辆制动状态,应确保气制动和停放制动全部缓解,运行中保持车辆主风缸风压不低于 5.50Bar。

(11) 原则上不使用电客车调动电客车,特殊情况下采用电客车调动电客车时,应配备两名电客车司机和一名调车员。一名电客车司机为调车司机,负责驾驶调车电客车;另一名为无动力电客车司机,负责无动力电客车连挂作业前后的车辆状态确认及防溜措施操作;调车员负责指挥调车作业。

(12) 调车作业要准确掌握速度,遇到瞭望困难或天气不良时,应适当降低速度。

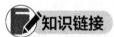知识链接

> 车组:机车、车辆等按一定的条件、方式、用途编挂在一起称为车组。轨道交通车组主要包括电客车、工程车两种,其中电客车是由动车和拖车按照规定方式编挂起来,能够满足运营载客需要的车组。工程车是由机车和工程车辆编挂而成的车组(含机车、接触网检修车等单机)。
>
> 调车员:由工程车或电客车司机担当,负责车场内调车作业的现场指挥,协调、组织参与调车作业人员及时完成调车任务,并监控调车作业按计划实施等。
>
> 问路式调车:每钩作业前由调车员按规定请求进路,有关岗位办理好进路且确认安全后通知调车员。

二、调车类型、适用范围、领导与指挥(见表 5-1)

调车类型、适用范围、领导与指挥　　　　表 5-1

调车类型	适用范围	调车领导人	调车指挥人	行车凭证	相应作业标准
场内调车	在车场内,车组一切有目的的移动,如车组的编组、解体、摘挂、对位、转轨、救援等,车辆的取送、调移等	车场调度员	调车员(电客车凭自身动力调车时,由司机兼职)	调车司机按照信号显示、调车员调车手信号显示(或无线手持台调车指令)进行作业	车场内调车基本作业程序及有关规定

续上表

调车类型	适用范围	调车领导人	调车指挥人	行车凭证	相应作业标准
出回场调车	车组正常出、回场	车场调度员	信号楼调度员	司机按照信号楼调度员口头指令及信号显示驾驶车组运行	出、回场调车基本作业程序及有关规定
	正线信号联锁失效时车组出场	车场调度员	信号楼调度员	司机按照信号楼调度员口头指令驾驶车组运行	正线信号联锁失效时,车站至车场之间调车作业要求及程序
	正线信号联锁失效时车组回场	值班站长	行车值班员	司机按照行车值班员口头指令及站务人员发车手信号驾驶车组运行	正线信号联锁失效时,车站至车场之间调车作业要求及程序
正线及其辅助线调车	车组过线组织	行车调度员	行车调度员	司机按照行车调度员命令及信号显示驾驶车组运行	车组过线组织规定及程序
	封锁作业区域内车组转线	行车调度员	行车调度员		施工封锁作业区域内车组运行组织规定
	车站人工组织车组在本站相关线路之间运行	值班站长	行车值班员	司机按照行车值班员口头指令及现场站务人员手信号驾驶车组运行	车站人工办理进路组织列车折返程序
	封锁作业区域内车组非转线运行	值班站长	行车值班员	司机按照行车值班员口头指令及信号显示驾驶车组运行	施工封锁作业区域内车组运行组织规定

三、调车计划与传达

(1)除封锁作业区域内行车计划由施工负责人直接提出外,其他情况的调车作业计划由调车领导人正确及时地编制、布置。

(2)正线及其辅助线调车、出回场调车、场内救援的调车计划以口头形式传达;场内一批三钩以下的调车作业计划或一次变更三钩以下调车计划可口头形式传达;场内其他三钩及以上的调车作业计划必须以《调车作业单》(见表5-2)的形式进行书面传达。

调 车 作 业 单　　　　　　表 5-2

电客车/工程车第　　　号

作业项目	作业时间	顺号	股道摘挂种数	执行情况	备注
		1			触网供电：是□ 否□
		2			
		3			
		4			
		5			接挂地线：是□ 否□
		6			
		7			
		8			防溜措施：
		9			
		10			
		11			其他注意事项：
		12			
		13			
		14			
		15			

调车领导人：＿＿＿＿＿　　　月　　　日

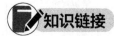

知识链接

调车作业单填写要求

（1）《调车作业单》一式四联，第一联为存根，第二联交调车员，第三联交司机，第四联交信号楼调度员。

（2）调车员、司机、信号楼调度员确认作业内容、安全事项清楚后签名。

（3）确认、注销时间填写具体时分，调车员或司机在第四联填写确认、注销时间。

（4）填写安全事项及其他交代栏时，需要提醒司机的事项在相应"□"内画"√"。如果在"否□"内画"√"，则需要注明具体问题。存车情况需要标画铁鞋/木鞋具体位置。

（5）调车作业严格执行"干一勾划一勾"制度。每勾作业完成后，相关人员必须实时在执行情况栏内画"√"。

（6）调车计划单标准符号包括：[+]——挂车；[—]——摘车；[T]——禁用铁鞋；[O]——换端掉头；[X]——限速连挂；[D]——待命。

（3）调车领导人与调车指挥人必须亲自交接计划。调车指挥人应根据调车作业计划制定具体作业方法，连同注意事项，亲自向司机交递和传达；确认有关人员均已了解调车作业计划后，方可开始作业。

(4)传达调车计划时,有关人员必须复诵。变更调车计划时,必须停车传达。

(5)调车作业前有关作业人员必须核对计划,确认运行进路,检查线路、道岔、停留车及防溜措施等情况,确认通信设备、信号灯显、铁鞋(见图5-3、图5-4)等相关行车用品齐备且状态良好。

图5-3　铁鞋　　　　　　　　图5-4　铁鞋放置位置

四、禁止调车作业的情况

(1)设备或障碍物侵入线路设备限界时。

(2)电客车转向架液压减震器被拆除并且空气弹簧无气。

(3)禁止两组机车或车辆同时在同一条股道上相对移动。

(4)机车车辆制动系统故障影响到行车安全时。

(5)有维修人员正在机车车辆上作业影响行车。

(6)机车车辆底部悬挂装置脱落。

(7)电客车停放股道接触轨挂有接地线。

(8)货物装载、加固不符合相关规定。

(9)机车车辆两端车钩处挂有"禁止动车"警示牌。

(10)原则上不允许夜间、雨天进行无法唤醒车辆(含无照明的工程车/平板车)的调车作业;不允许雨天进行雨刮器故障的电客车调车/调试作业。如必须进行时,应制定专项安全保障措施,各相关部门共同确保作业安全。

(11)其他有安全隐患的调车作业。

知识链接

> 唤醒车辆:即激活控制,司机通过操纵蓄电池开关进行激活控制,给操纵控制电路接通DC110V电源,从而唤醒车辆。蓄电池开关为自复位旋转开关,有"激活"和"休眠"两种状态。

五、调车作业时对相关人员的安全规定

(1)班前禁止饮酒。班中按规定着装,佩带防护用品。

(2)顺线路行走时,应走两线路中间,并注意邻线的机车、车辆和货物装载状态,严禁在道心、枕木头上行走,不准脚踏钢轨面、道岔联结杆、尖轨等。

(3)横越线路时,应"一站、二看、三通过",注意左右机车、车辆的动态及脚下有无障碍物。

(4)横越停有机车、车辆的线路时,先确认机车、车辆暂不移动,然后在该机车、车辆较远处通过。严禁在运行中的机车、车辆前面抢越。

(5)作业中必须横越列车、车列时,应先确认列车、车列暂不移动,然后由通过台或两车车钩上越过,勿碰开钩销,要注意邻线有无机车、车辆运行,严禁钻车。

(6)不准在钢轨上、车底下、枕木头、道心里坐卧或站立。

(7)严禁扒乘运行中的机车、车辆,以车代步。

(8)禁止跨越地沟。

(9)上下车时,应停稳上下,并选好地点,注意地面有无障碍物。

(10)单机或牵引运行时,禁止在机车前后端坐卧。

查一查

1. 调车的3种方法分别是如何实现的?
2. 禁止调车的情况有哪些?

练一练

1. 调车方法仅限_____、_____和_____3种。严禁使用溜放、手推法调车。

2. 调车作业计划的传达有_____和_____两种形式。

3. 除封锁作业区域内行车计划由_____直接提出外,其他情况的调车作业计划由_____正确及时地编制、布置。

4. 正线或其辅助线封锁作业区域内车组专线时,调车领导人是_____,调车指挥人是_____,行车凭证是_____。

5. 禁止两组机车或车辆同时在同一条股道上_____。

6. 横越线路时,应_____、_____、_____,注意左右机车、车辆的动态及脚下有无障碍物。

7. 带风作业时,必须执行_____、_____、_____的作业程序。

模块六 信号显示

本模块介绍了信号机的设置;不同信号机的显示内容和意义;手信号、音响信号的显示意义和显示时机等。相关教学资源见二维码11~13。

二维码11　　　　二维码12　　　　二维码13

 教学建议

1. 信号是指挥列车运行和调车作业的命令,行车有关人员必须严格执行。所以,要求学生必须熟记信号机和手信号的显示意义和显示要求。

2. 通过学生手信号技能比赛,强化学生对信号旗、信号灯、徒手信号及音响信号的显示意义及显示时机的掌握。

单元一　信号机的显示

学习目标

1. 熟知轨道交通信号机的设置地点、显示的基本颜色、意义。
2. 熟知正线信号机的设置地点及正常与非正常情况下的显示状态。
3. 熟知车辆段出入段信号机的设置地点。
4. 熟知车辆段出入段信号机的显示意义。

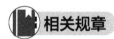 **相关规章**

一、正线信号机

(1)正常情况 CBTC 模式下轨旁信号机灭灯。
(2)非 CBTC 列车或轨旁 ATP 故障情况下地面信号机点亮。
(3)绿灯:允许信号,表示道岔已锁闭,进路中所有道岔开通直股,列车可以越过此信号机运行到下一个顺向信号机。
(4)黄灯:允许信号,表示道岔已锁闭,进路中至少有一组道岔开通侧股,列车可以不超过道岔侧向限速越过此信号机运行到下一个顺向信号机。

(5)红灯:禁止信号,不允许列车越过该信号机。

(6)红灯+黄灯:引导信号,准许列车以不大于规定的速度(25km/h)越过该架信号机并随时准备停车。

(7)灭灯:不允许非 CBTC 列车越过该信号机。

知识链接

查一查

1.轨道交通正线信号机的设置原则是什么?

2.正线信号机显示颜色及显示意义有哪些?

二、车辆段信号机

(1)入段信号机采用高柱四灯位信号机(绿+黄+红+白,绿灯封闭)。其显示及意义,见表6-1。

入段信号机显示意义　　　　表6-1

序号	信号灯显示	行车指示内容
1	黄灯	入段信号,准许列车按规定的速度越过该架信号机入段
2	红灯	禁止信号,不准列车越过该架信号机
3	红灯+黄灯	引导信号,准许列车以不大于25km/h的速度越过该架信号机并随时准备停车
4	白灯	调车信号,允许调车

(2)出段信号机采用高柱三灯位信号机(绿+黄+红,绿灯封闭)。其显示及意义,见表6-2。

出段信号机显示意义　　　　表6-2

序号	信号灯显示	行车指示内容
1	黄灯	出段信号,允许越过该信号机
2	红灯	禁止信号,不准列车越过该架信号机

(3)出库信号机采用矮柱三灯位信号机(黄+红+白)。其显示及意义,见表6-3。

出库信号机显示意义　　　　表6-3

序号	信号灯显示	行车指示内容
1	黄灯	出段信号,准许列车按规定的速度越过该架信号机出段
2	白灯	调车信号,允许调车
3	红灯	禁止信号,不准列车越过该架信号机

(4)车辆段内其他地点设矮柱两灯位调车信号机(白+蓝或白+红)。其显示及意义,见表6-4。

两灯位调车信号机显示意义 表6-4

序号	信号灯显示	行车指示内容
1	白灯	调车信号,允许调车
2	蓝/红灯	调车信号,不准越过该架信号机调车

知识链接

某车辆段平面示意图:SC1、SC2 是出段信号机,XJ1、XJ2 是进段兼调车信号机,D19 是调车信号机。如图6-1所示。

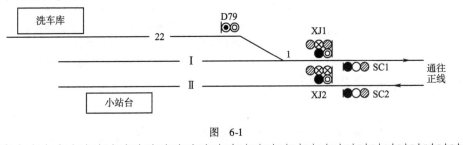

图 6-1

查一查

1. 车辆段信号机的开放时机。
2. 出入段信号机与调车信号机的区别有哪些?

单元二 手 信 号

学习目标

1. 熟知指挥列车运行手信号的显示方式、显示地点及收回时机。
2. 熟知调车手信号的显示方式。
3. 熟知徒手信号的显示方式。

相关规章

一、指挥列车运行手信号

(1)特殊情况下,列车运行时有关人员应遵守下列手信号的显示(见表6-5)。

手信号的显示 表6-5

序号	手信号类别	含义	显示方式	
			昼间	夜间(地下站)
1	停车信号	要求列车停车	展开的红色信号旗;无红色信号旗时,两臂高举头上,向两侧急剧摇动	红色灯光;无红色灯光时,用白色灯光上、下急剧摇动

续上表

序号	手信号类别	含义	显示方式	
			昼间	夜间(地下站)
2	紧急停车信号	要求司机紧急停车	展开红旗下压数次;无信号旗时,两臂高举头上,向两侧急剧摇动	红色灯光下压数次;无红色灯光时,用白色灯光上下急剧摇动
3	减速信号	要求列车降低速度运行	展开的黄色信号旗;无黄色信号旗时,用绿色信号旗下压数次	黄色信号灯光;无黄色灯光时,用绿色灯光或白色灯光下压数次
4	发车信号	要求司机发车	展开的绿色信号旗上弧线向列车方向作圆形转动	绿色灯光上弧线向列车方向作圆形转动
5	通过手信号	准许列车由车站通过	展开的绿色信号旗	绿色灯光
6	引导信号	准许列车进入车站或车辆段	展开黄色信号旗高举头上左右摇动	黄色灯光高举头上左右摇动
7	"好了"信号	作业完成或条件具备	拢起的信号旗上弧线向列车方向作圆形转动	白色灯光上弧线向列车方向作圆形转动

(2)特殊情况下接发列车时显示手信号的时机和地点(见表6-6)。

特殊情况下接发列车时显示手信号的时机和地点　　表6-6

序号	手信号类别	何种情况下显示	显示时机	收回时机	显示地点
1	紧急停车信号	紧急情况下出现危及行车安全情况时	立即显示	列车停车后	就近显示
2	减速信号	发现列车超速时	立即显示	列车头部越过信号显示地点后	头端墙侧楼/扶梯口,靠近紧急停车按钮附近
3	引导手信号	人工引导接车情况下	看见列车头部灯开始	列车头部越过信号显示地点后	站台头端墙,安全门与线路间站台上
4	"好了"信号	车站相关作业完成时	及时显示	司机鸣笛或口头回示后	在处理故障处
5	发车信号	电话闭塞法时	司机关门时	列车动车	列车运行方向第1节第2个车门
6	道岔开通信号	须现场人工排列进路时	进路排好时	列车头部越过信号显示地点后	安全位置

知识链接

手 信 号

手信号是利用信号旗、信号灯或徒手显示某种规定动作,用来指挥列车运行或指示调车车列移动的一种命令。手信号属于视觉信号。相关教学资源见二维码14。

二维码14

1. 显示手信号的要求

(1)持旗要求:在显示手信号时,凡昼间持有手信号旗的人员,应将信号旗拢起,左手持红旗,右手持绿旗,如图6-2a)[扳道员右手持黄旗如图6-2b)]。不持信号旗的行车有关人员需要显示手信号时,应徒手按规定方式显示信号。

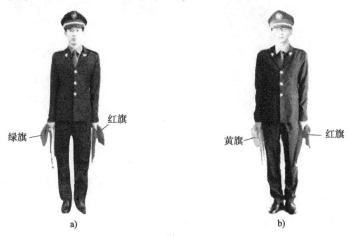

图 6-2

调车指挥人登乘机车车辆,一手攀扶把手,一手显示展开的绿色信号旗时,手持的信号旗左、右可灵活掌握,但必须将拢起的红色信号旗置于绿色信号旗对向司机方向的前面,以便能随时展开红色信号旗。如图6-3(左手攀扶把手,右手显示信号)。

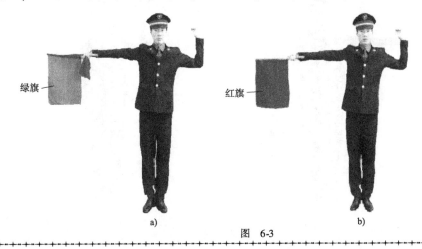

图 6-3

(2)显示要求:为确保手信号的显示正确和防止误认,行车有关人员显示手信号时,必须严肃认真,要做到横平竖直、灯正圈圆、角度准确、段落清晰、位置适当、正确及时。

2. 指挥列车运行手信号的显示

(1)停车信号:要求列车停车。昼间——展开的红色信号旗;无红色信号旗时,两臂高举头上向两侧急剧摇动。夜间——红色灯光;无红色灯光时,用白色灯光上下急剧摇动。如图 6-4 所示(徒手显示见"徒手显示手信号"部分)。

图 6-4

(2)紧急停车信号:要求司机紧急停车。昼间——展开的红色信号旗下压数次;无红色信号旗时两臂高举头上,向两侧急剧摇动。夜间——红色灯光下压数次;无红色灯光时,用白色灯光上下急剧摇动(参照停车信号)。

(3)减速信号:要求列车降低到要求的速度。昼间——展开的黄色信号旗;无黄色信号旗时,展开的绿色信号旗下压数次。夜间——黄色灯光;无黄色灯光时,用绿色或白色灯光下压数次。如图 6-5 所示。

图 6-5

(4) 发车信号：要求司机发车。昼间——展开的绿色信号旗上弧线向列车方面做圆形转动。夜间——绿色灯光上弧线向列车方面做圆形转动。如图6-6所示。

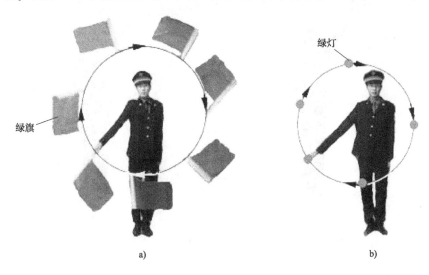

图 6-6

(5) 通过手信号：准许列车由车站通过。昼间——展开的绿色信号旗。夜间——绿色灯光。如图6-7所示。

图 6-7

(6) 引导信号：准许列车进入车站或车场。昼间——展开的黄色信号旗高举头上左右摇动。夜间——黄色灯光高举头上左右摇动；无黄色灯光时，使用白色灯光高举头上左右摇动。如图6-8所示。

(7) "好了"信号：某项作业完成。昼间——拢起的手信号旗向列车运行方向上弧线做圆形转动。夜间——白色灯光向列车运行方向上弧线做圆形转动。如图6-9所示。

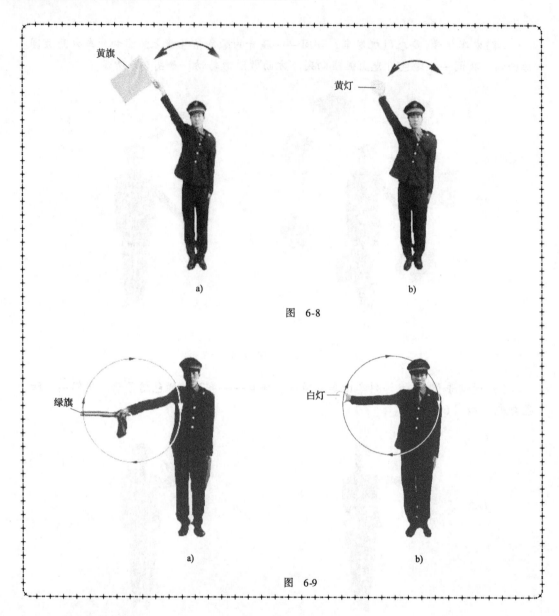

图 6-8

图 6-9

二、调车手信号

调车手信号是在调车作业中指挥调车作业的手信号(见表6-7)。

调 车 手 信 号 表6-7

序号	调车手信号类别	显示方式	
		昼间	夜间
1	停车信号	展开的红色信号旗;无红色信号旗时,两臂高举头上,向两侧急剧摇动	红色灯光;无红色灯光时,用白色灯光上、下急剧摇动

续上表

序号	调车手信号类别	显示方式	
		昼间	夜间
2	减速信号	展开的绿色信号旗下压数次	绿色灯光下压数次
3	指挥列车或车辆向显示人方向来的信号	展开的绿色信号旗在下方左右摇动	绿色灯光在下方左右摇动
4	指挥列车或车辆向显示人反方向去的信号	展开的绿色信号旗上、下摇动	绿色灯光上、下摇动
5	指挥列车或车辆向显示人方向稍行移动的信号	左手拢起红色信号旗直立平举,右手展开的绿色信号旗在下方左右小摆动	绿色灯光下压数次后,再左右小动
6	指挥列车或车辆向显示人反方向稍行移动的信号	左手拢起红色信号旗直立平举,右手展开的绿色信号旗在下方上、下小动	绿色灯光平举上、下小动
7	三、二、一车距离信号:表示推进车辆的前端距被连挂车辆的距离	右手展开的绿色信号旗下压三、二、一次,分别表示距停留车三车(约60m)、二车(约40m)、一车(约20m)	绿色灯光平举下压三、二、一次
8	连挂作业	两臂高举头上,拢起的手信号旗杆成水平末端相接	红、绿色灯光(无绿色灯用白色灯光代替)交互显示数次
9	试拉信号	按本表第6项的信号显示,当车列起动后立即显示停车信号	
10	取消信号:通知前发信号取消	拢起的手信号旗,两臂于前下方交叉后,左右摇动数次	红色灯光做圆形转动后,上下摇动
11	停留车位置信号:表示车辆停留地点	拢起的手信号旗,单臂于前下方左右小摇动	白色灯光左右小摇动
12	道岔开通信号:表示进路道岔准备妥当	地下车站为绿色灯光高举头上左右小动;车辆段(或地上车站)为拢起的黄色信号旗高举头上左右摇动	绿色灯光(无绿色灯光时为白色灯光)高举头上左右小动

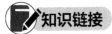

> **调车手信号的显示**
>
> 1. 停车信号
>
> 停车信号,即要求列车停止。
>
> 昼间——展开的红色信号旗;夜间——红色灯光。昼间无红色信号旗时,两臂高举头上向两侧急剧摇动;夜间无红色灯光时,用白色灯光上下急剧摇动(同列车运行信号1)。

2. 减速信号

减速信号，即列车要求减速运行。

昼间——展开的绿色信号旗下压数次；夜间——绿色灯光下压数次。如图 6-10 所示。

图 6-10

3. 指挥机车向显示人方向来的信号

昼间——展开的绿色信号旗在下部左右摇动；夜间——绿色灯光在下部左右摇动。如图 6-11 所示。

图 6-11

4. 指挥机车向显示人方向稍行移动的信号

昼间——一拢起的红色信号旗直立平举，再用展开的绿色信号旗左右小动；夜间——绿色灯光下压数次后，再左右小动。如图 6-12 所示。

5. 指挥机车向显示人反方向去的信号

昼间——展开的绿色信号旗上下摇动；夜间——绿色灯光上下摇动。如图 6-13 所示。

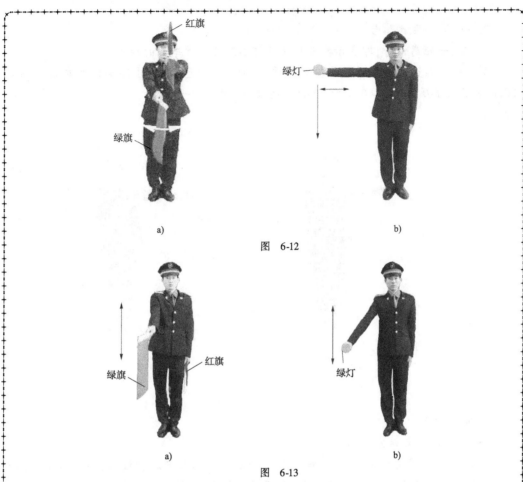

图 6-12

图 6-13

6. 指挥机车向显示人反方向稍行移动的信号

昼间——拢起的红色信号旗直立平举,再用展开的绿色旗上下小动;夜间——绿色灯光上下小动。如图 6-14 所示。

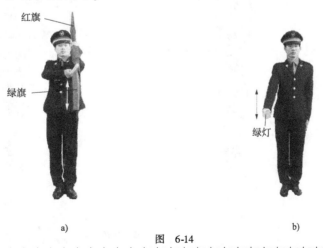

图 6-14

7. 三、二、一距离信号

三、二、一距离信号，即表示推进车辆的前端距被连挂车辆的距离。

昼间——展开的绿色信号旗单臂平伸；夜间——绿色灯光，在距离停留车三车(约60m)时连续下压三次，二车(约40m)时连续下压两次，一车(约20m)时下压一次。如图6-15所示。

图 6-15

8. 连挂信号

连挂信号，即表示连挂作业。

昼间——两臂高举头上，使拢起的手信号旗杆成水平末端相接；夜间——红、绿色灯光(无绿色灯光的人员，用白色灯光)交互显示数次。如图6-16所示。

图 6-16

9. 试拉信号

试拉信号,即车列连挂后向前稍微拉动,以确定车列正确连挂。

昼间——拢起的红色信号旗直立平举,再用展开的绿色旗上下小动;夜间——绿色灯光上下小动(同向显示人反方向稍行移动)。当列车起动后,立即显示停车信号。

10. 取消信号

取消信号,即通知前发信号取消。

昼间——拢起的信号旗两臂于前下方交叉后,左右摇动数次;夜间——红色灯光做圆形转动后,上下小动。如图 6-17 所示。

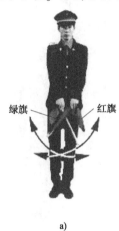
a)

b)

图 6-17

11. 停留车位置信号

停留车位置信号,即表示车辆停留地点。

昼间——拢起的手信号旗,单臂于前下方左右小动;夜间——白色灯光左右小动。如图 6-18 所示。

a)

b)

图 6-18

12. 道岔开通信号

道岔开通信号，即表示进路道岔准备妥当。

昼间——地下车站为绿色灯光高举头上左右小动；车辆段或地上车站为拢起的黄色信号旗高举头上左右摇动。夜间——绿色灯光（无绿色灯光时为白色灯光）高举头上左右小动。如图6-19所示。

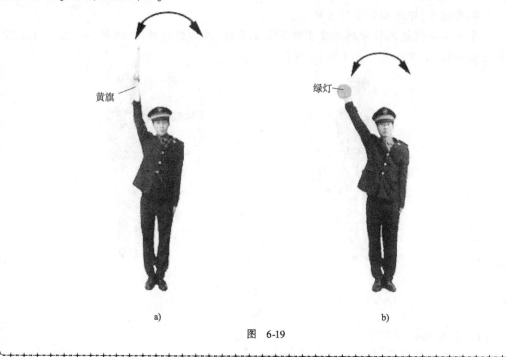

图 6-19

查一查

1. 调车手信号由谁显示？向谁显示？
2. 调车手信号的响应方式是怎样的？

三、徒手信号的显示

调车长或行车有关人员检查工作或遇列车救援、发生紧急情况，没有携带信号灯或信号旗时，可用徒手信号显示（见表6-8）。

徒手信号显示方式　　　　　　　　　　　表6-8

序号	徒手信号类别	显示方式
1	紧急停车信号（含停车信号）	两手臂高举头上，向两侧急剧摇动
2	三、二、一车信号	单臂平伸后，小臂竖直向外压直，反复三次为三车、二次为二车、一次为一车
3	连挂信号	紧握两拳头高举头上，拳心向里，两拳相碰数次

续上表

序号	徒手信号类别	显 示 方 式
4	试拉信号	如本表第5项或第6项,当列车刚起动马上给停车信号(第1项)
5	向显示人方向稍行移动	左手高举直伸,右手小臂左右摇动
6	向显示人反方向稍行移动	左手高举直伸,右手向下斜伸,小臂上下摇动
7	"好了"信号	单臂向列车运行方向,单臂做上弧线向列车方面做圆形转动
8	降弓信号	昼间:左臂垂直高举,右臂前伸并左右水平重复摇动; 夜间:白色灯光上下左右重复摇动
9	升弓信号	昼间:左臂垂直高举,右臂前伸并上下重复摇动; 夜间:白色灯光做圆形转动

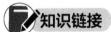知识链接

徒手手信号显示

1. 紧急停车信号(含停车信号)

两手臂高举头上,向两侧急剧摇动。如图6-20所示。

a)　　　　　　　　　　　　b)

图 6-20

2. 三、二、一车距离信号

单臂平伸后,小臂竖直向外压直,反复三次为三车、二次为二车、一次为一车。如图6-21所示。

3. 连挂信号

紧握两拳头高举头上,拳心向里,两拳相碰数次。如图6-22所示。

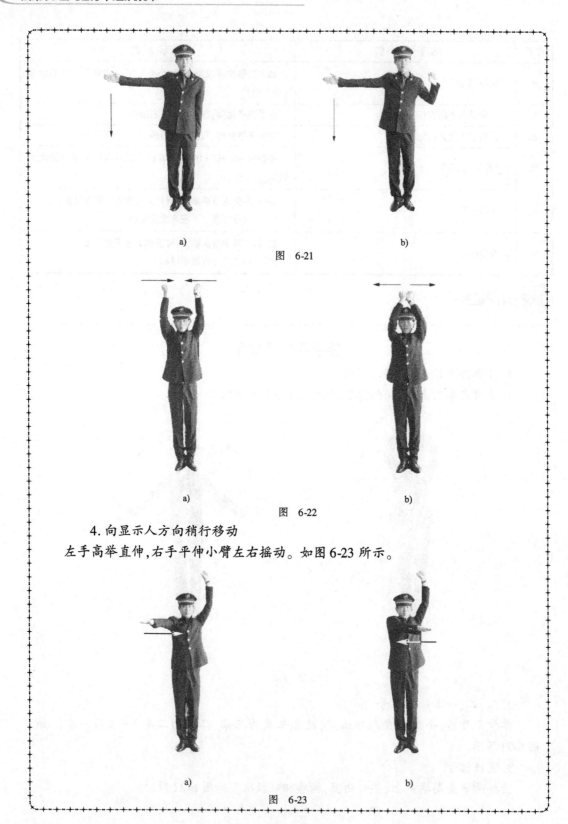

图 6-21

图 6-22

4. 向显示人方向稍行移动

左手高举直伸,右手平伸小臂左右摇动。如图 6-23 所示。

图 6-23

5. 向显示人反方向稍行移动

左手高举直伸,右手向下斜伸,小臂上下摇动。如图 6-24 所示。

6. 试拉信号

试拉信号同上述第 4 项或第 5 项;当列车刚起动马上给停车信号(第 1 项)。

7. "好了"信号

单臂向列车运行方向上弧圈做圆形转动。如图 6-25 所示。

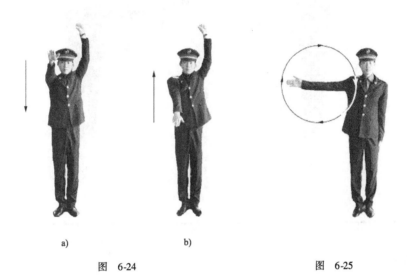

　　　a)　　　　　b)

图　6-24　　　　　　　图　6-25

8. 降弓手信号

昼间:左臂垂直高举,右臂前伸并左右水平重复摇动;夜间:白色灯光上下左右重复摇动。如图 6-26 所示。

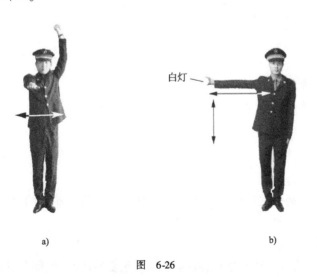

　　a)　　　　　　　b)

图　6-26

9.升弓信号

昼间:左臂垂直高举,右臂前伸并上下重复摇动;夜间:白色灯光做圆形转动。如图 6-27 所示。

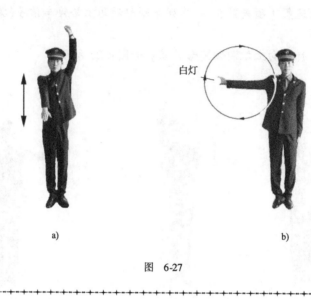

图 6-27

查一查

徒手手信号在什么时候使用?

单元三 音 响 信 号

学习目标

1. 熟知音响信号的显示要求。
2. 熟知音响信号的鸣响方式。

相关规章

1.音响信号的概念

用号角、口笛、响墩等发出的音响和机车、动车(组)、轨道车等的鸣笛等发出的信号为音响信号。它属于听觉信号。

2.音响信号鸣响方式

音响信号,长声为 3s,短声为 1s,间隔为 1s。重复鸣示时,须间隔 5s 以上。

(1)电客车、车组、工程车、轨道车等列车的鸣示方式,见表 6-9。

列车的鸣示方式 表6-9

序号	名称	鸣示方式	使用时机
1	起动注意信号	一长声—	(1)列车起动或机车车辆前进时(双机牵引时,本务机车鸣笛后,尾部机车应回示,本务机车再鸣笛一长声后起动); (2)接近车站、鸣笛标、隧道、施工地点、黄色信号、引导信号、天气不良时; (3)在区间停车后,继续运行时,通知车长
2	退行信号	二长声——	电客车、机车车辆、单机开始退行
3	召集信号	三长声———	要求防护人员撤回时
4	呼唤信号	二短一长声··—	(1)电客车或机车要求出入车辆段时; (2)在车站要求显示信号时
5	警报信号	一长三短声 —···	(1)发现线路有危及行车安全的不良处所时; (2)列车发生重大、大事故及其他需要救援情况时; (3)列车在区间内停车后,不能立即运行,通知车长时
6	试验自动制动机复示信号	一短声·	(1)试验制动开始减压时; (2)接到试验制动结束的手信号,回答试风人员时; (3)调车作业中,表示已接受调车员所发出的信号时
7	缓解信号	二短··	试验制动机缓解时
8	紧急停车信号	连续短声……	司机发现邻线发生障碍,向邻线上运行的列车发出紧急停车信号时,邻线列车司机听到后,应立即紧急停车

(2)口笛鸣笛方式,见表6-10。

口笛鸣笛方式 表6-10

序号	工作项目		鸣示方式	
1	发车、指示机车向显示人反方向移动		一长声	—
2	指示机车向显示人方向移动		一短一长声	·—
3	指示发车		一长一短声	—·
4	制动机减压		一短声	·
5	制动机缓解		二短声	··
6	取消		二长一短声	——·
7	再显示		二长二短声	——··
8	列车接近通报信号	上行	二长声	——
		下行	一长声	—
9	停车信号		连续短声	……

 **知识链接**

口　笛

铁路用口笛,如图6-28所示。

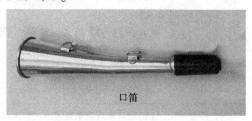

口笛

图6-28　口笛

音响信号的鸣示方式。

练一练

1. 车站有效正常情况 CBTC 模式下轨旁信号机_____;非 CBTC 列车或轨旁 ATP 故障情况下地面信号机_____。

2. 绿灯:允许信号,表示道岔_____,进路中所有道岔_____;黄灯:允许信号,表示道岔已锁闭,进路中至少有一组道岔_____。

3. 红灯+黄灯:_____,准许列车以不大于_____(25km/h)越过该架信号机并随时准备停车。

4. 防护信号机设置在正线道岔_____和_____适当地点。采用三显示机构,自上而下灯位为_____。

5. 入段信号准许列车按规定的速度越过该架信号机入段的显示是_____。

6. 入段信号红灯+黄灯是_____,准许列车以不大于_____的速度越过该架信号机并随时准备停车 。

7. 在显示手信号时,凡昼间持有手信号旗的人员,应将信号旗_____,左手持_____,右手持_____(扳道员右手持黄旗)。不持信号旗的行车有关人员需要显示手信号时,应_____按规定方式显示信号。

8. 要求司机发车显示_____手信号 ,昼间展开的_____上弧线向列车方向做圆形转动;夜间_____上弧线向列车方向做圆形转动。

9. 引导手信号,准许列车进入车站或车辆段,昼间展开_____高举头上左右摇动;夜间_____高举头上左右摇动。

参考文献

[1] 中国铁路总公司. 铁路技术管理规程[S]. 10版. 北京:中国铁道出版社,2014.
[2] 住房和城乡建设部标准定额研究所. 城市轨道交通标准汇编[S]. 北京:中国计划出版社,2009.
[3] 中华人民共和国国家标准. GB 50157—2013 地铁设计规范[S]. 北京:中国建筑工业出版社,2014.
[4] 中华人民共和国国家标准. GB/T 30013—2013 城市轨道交通试运营基本条件[S]. 北京:中国标准出版社,2013.
[5] 中华人民共和国国家质量监督检验检疫总局,中国国家标准化管理委员会. 城市轨道交通运营管理规范[S]. 北京:中国标准出版社,2013.
[6] 中华人民共和国国家标准. GB 50490—2009 城市轨道交通技术规范[S]. 北京:中国建筑工业出版社,2009.